輕鬆養生

註冊中醫博士、國家級保健營養師
小董 著

簡單・輕鬆・養生
一百篇中醫治療分享

頭條日報
輕鬆養生專欄作家
小董

序一

小董對醫學的執著是我十多年來難得一遇的學生，兩年多來在南京江蘇省中醫院的共同研究和砌磋，不難發現她對醫學上深層的造詣，基本功根深蒂固之餘，對婦科病、腫瘤細胞的透徹，早已遠遠超過一般中醫博士的功力！

擁有西醫基本知識的小董，在思維上對疾病的認知頗有獨特見解，且往往根據病人微細的病徵便能洞察到病因及疾病發展和預後，古人稱之為「見微知著」，更值一讚的是她高尚的醫德，「父母心」在小董身上時刻可見，我本以為香港人與國內人文化有所差異而較難

溝通，但她跟病患者及其家屬的感情很容易便建立起來並得到無限量的信任！

我身為小董的老師有很深的體會，並相信她能發揮最大潛能幫助不同病患，成為病人的天使守護神。

章永紅教授
國家科學技術獎評審專家
南京中醫藥大學第一臨床醫學院中醫內科學及江蘇省中醫院中醫內科腫瘤學教授兼主任醫師、博士生導師

序二

在香港大學中醫學院任副院長那年認識小董，亦即李曉汶中醫博士。回想起來，也差不多約十多年前了，對她的印象特別深刻！一般來說，一位老師要記得一位學生，一是她十分頑劣，又或是特別出眾，小董兩樣皆是！

從不同老師聽到她的求知慾不像其他同學，乖乖的上完課便回家，而是預備了一大堆的問題，老師一停下來便舉手發問，下課了還拉着問東問西，好像有問不完的話題；我開始留意這位問題青年；學期結束，我發現她的成績奇佳，每一科目考試都名列前茅，班上的老師開始解答不了她深奧刁鑽的醫學問題，便乾脆敲我的門，看見那認真的態度，決定找來幾位國家級名醫跟她交流，我倆也亦師亦友，她

在澳洲修讀醫學生理學和藥理學，難得的是其過目不忘的天賦技能，咱們每每談上好幾個小時。

數年前，小董皺着眉頭跟我說：「中醫學博大精深，甚麼病也有辦法治理，未來世界是癌毒的恐怖時代，我能做甚麼呢？」真心推薦了這位優秀的「醫學家」進入中國著名學府南京中醫藥大學進修博士學位，當然，她選擇主修腫瘤專科，三年來，我收過不少資深教授的電郵、電話，讚揚這位年輕醫師的專業、才能和德行。

知道她這些年來對社會、人群的貢獻，有此學生我感到無比光榮及驕傲。閒談中得悉她對諾貝爾獎很有憧憬，只要向著目標前進，將會是登峰的時候。希望更多癌病患者在小董的醫治下康復過來！

許少珍教授
香港賽馬會中藥研究院前行政總裁
香港中醫藥科技學院院長

序三

社會服務及行醫多年，接觸到許多各行各業的頂尖人士，小董出現在面前時，我不由眼前一亮。在一般人心目中，中醫，尤其是比較著名的中醫，多半是高齡老者，還多數是男性，眼前這個中醫博士，卻分明是女兒身，滿臉都是笑容且性格開朗。

深入瞭解後，發現她可能並非地球人！學問之淵博，不只是中醫藥、參茸、海味等，還有西醫、獸醫基本知識、天文、海洋生物研究、植物學、農業技術……總而言之，一切與生命、生物有關的事物，她都喜歡研讀。

一位已經忙得不可開交的腫瘤科中醫，還會定期舉辦講座，好奇

心的驅使下成為座上客，臺上的小董收起平日的活潑，卻多了一分愛心，精心安排的疾病題目，讓台下所有人隨便發問並孜孜不倦地一一解說，此等耐心令我由衷欽佩。曾經一次我問：「平素妳要診症、寫稿、出書、辦講座、回中國採藥和上網搜尋新醫學研究；還要養狗、養龜、養魚、玩鸚鵡，假日又到田裡去種田七、培植水耕菜和姬松茸，一天到底能睡多久呢？」

她妙答：「累了便睡，但睡了又會因為想到甚麼便爬起床挑燈夜讀！生命太短，我不夠聰明當上科學家研究絕症的治療藥物，卻希望把握分秒把生命參透，把不能治癒的惡病患者延長壽命，等……一個希望的誕生！」相信我！小董是外星人！是拯救地球的可愛外星人！

願她的文字可以帶給你們健康！

林志傑醫生

B.B.S. MH SBStJ 太平紳士
香港特區政府銅紫荊星章
香港特區政府榮譽勳章
英女皇聖約翰五級榮譽勳章

注意事項：

- 如對藥物有敏感者，服用前必須諮詢註冊中醫師。遇有敏感症狀，即立刻停用。
- 果仁敏感者慎服含堅果之湯方。
- 病情持續或惡化者須看醫生。

聯絡作者：

小董（中醫博士——南京中醫藥大學腫瘤內科專業）
香港註冊中醫師
古方中醫堂
香港銅鑼灣駱克道四五八至四六〇號二樓全層（銅鑼灣廣場二期對面）
電話：二八〇三 四八〇三
診症時間：星期一至五，早上十一時至下午八時
　　　　　星期六，早上十一時至下午二時（必須預約）
出診時間：早上九時三十至十一時，下午八時至九時三十分
　　　　　逢星期三、日及公眾假期休息
網址：www.tmclinic.com.hk
小董養生湯料站：二三三八 〇六一六

目錄

第四章 五官、補肺篇

第五章 骨關節篇

第六章 皮膚篇

第一章

女士篇

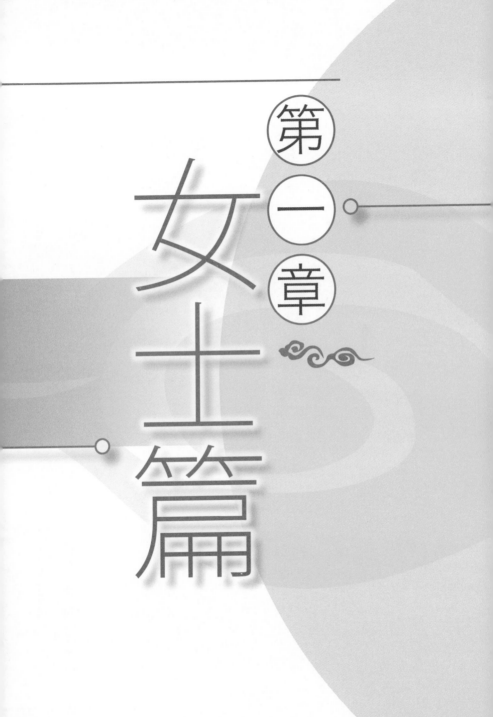

治。

「梅核氣」

過去一年多來，不止一次跟你們談到「情緒病」，雖然每一趟談的「焦慮」、「抑鬱」都不深入，卻在每次刊出後收到最多郵件！在這群「心病」患者中，小董發現了一個被忽視的問題——「梅核氣」！它是情緒病初期一個臨床症狀，只是許多人並不知道這原來是警號，往往以為是咽喉不適而錯過及早治理，導致不自覺下跌入「焦慮症」，甚至「抑鬱症」。

梅核氣為咽喉中的異常感覺，如有一粒梅核塞於咽部，咯之不出、咽之不下，病人會誤以為有痰結塊於喉間，常要輕咳吐之或嘗試吞下，但其實與七情鬱結、肝鬱氣結使氣機不利有關，相當於咽部神經官能症，但不礙飲食，咽喉部檢查亦無異常，無疼痛症狀，只是每

隨情緒波動而起變化，時輕時重。

男女均可出現此情況，但更年期婦女更常見，情緒長期處於擔憂、思慮、不安、煩躁便會突然於某天感到咽中有物，如發現自己有此現象，必須先找出問題成因，盡量放鬆心情，暫且把手頭上的迫切、緊張事宜放低，找信任的朋友傾訴，將心中鬱結解開、將腦袋煩事拋到九霄雲外，這是唯一最有效的治療開端。

無奈的是你們或許不懂如何解除某些困擾，一段時間後，除了梅核氣這症狀外，更多了心悸、呼吸不暢、失眠、易哭易怒、頭暈、食慾不振等陸續出現，這是真的進入「焦慮症」，初期可試用以下方劑（可治梅核氣）：半夏六克、生薑兩片、厚朴十二克、茯苓十二克、紫蘇葉十二克、柴胡十二克、鬱金十克、炙甘草八克、浮小麥十二克、大棗四枚。五碗半水煲四十五分鐘，剩下兩碗，日分兩次服用，

連服七天。假如情況無改善，便需找醫師治療及開解！病向淺中醫才是上策哩！

「梅核氣」治療方劑

半夏六克、生薑兩片、厚朴十二克、茯苓十二克、紫蘇葉十二克、柴胡十二克、鬱金十克、炙甘草八克、浮小麥十二克、大棗四枚。五碗半水煲四十五分鐘，剩下兩碗，日分兩次服用，連服七天。

改善排便

近日天氣又變得乾燥，不只咽乾、口乾，便秘才令人痛苦！習慣性便秘影響大部份都市人，尤以女性為主，於是，她們從市面上買來一大堆通便纖維丸、瘦身排毒茶，每天服、每晚服，漸漸成了依賴性，若然某一天沒有服用此等輔助劑便排便不成，久而久之，習慣性便秘成了習慣性服藥排便，腸道不會自動地蠕動，成了「懶腸」，且藥量隨日子增加，最後就連瀉藥也幫不了忙，把整個消化系統拖垮了。

要養成排便習慣，必須辨清虛實，利用中藥治法，「實者通之，虛者潤之」，使消化系統恢復功能，藥到病除。

一、自我診查

（一）排便次數減少，周期延長

（二）糞便堅硬，便下困難

（三）排便無力，出而不暢

（四）兼腹脹、腹痛、噯氣、食慾不振、心煩易怒

（五）坐臥少動，年老體弱

二、中醫病因

分有腸胃積熱、氣機鬱滯、氣虛陽衰、陰虧血少及陰寒積滯。必須對症下藥才有效治癒！建議可利用維他命輔助。

（一）痙攣性便秘：無粗纖維低渣飲食，禁食蔬菜和水果，先

食低渣半流質飲食，後改為低渣軟飯。適當進食少量脂肪來作潤腸作用，脂肪酸可促進腸蠕動，利於排便。早晨飲含蜂蜜的水。

（二）無力性便秘：高食物纖維飲食，如帶皮水果、新鮮蔬菜等能刺激腸道，促進胃腸蠕動，增強排便能力。

維他命B族可促進消化液分泌，維持和促進腸道蠕動，利於排便。

中醫藥治多毛症

「婦女多毛症」是婦科學專科書本裏的一個課題，看題目已知是甚麼回事，雖然不痛不癢，但這個問題對於不同年齡階段的女性都造成心理壓力。

也許你只認為這是荷爾蒙失調的原因，自己沒法子改變它的高低，於是，毛長出來了、茂密了，便用剃刀、剪刀、凍蠟、超聲波、激光……千方百計把它趕盡殺絕，可能只是為了美觀，也可能是想避免被取笑，產生不安的尷尬處境。

中醫認為多毛症病因是陰虛火旺、沖任失調（沖任即荷爾蒙），是能夠把情況改善的。大家不必每天為臉上、腋下、四肢、陰部的體

毛而皺眉頭，有些女士甚至毛體增多、增粗、增長，長出鬍子、胸毛、乳暈生毛，往往因太頻密剃刮而使那些部位出現潰瘍損傷、皮膚因而變得敏感和粗糙、痕癢或疼痛等，煩上加煩。

生活因為「毛」起了變化，卻不為外人所知，也未能與朋友傾訴。小董見過一病例，小妮子乾脆不結識男生了，得了社交障礙，性格迥異，終日鬱悶孤獨度過，讓幾百根毛髮影響交往，值得嗎？

小董建議用中醫藥解決，只須分清體質，分析體內荷爾蒙在月經周期及來潮時的徵狀，以及有否伴其他病徵如失眠、暗瘡、耳鳴、便秘等，便可對症下藥，一至兩個月左右荷爾蒙水平調整好，肺、胃陰虛或血熱的情況改善，也可用外治法減少體毛生長，效果理想，值得一試！

消。水腫

「水腫」問題可大可小，小則小便不利，大便不暢，新陳代謝率較慢而致；大則可因腎臟衰竭、癌症、心臟功能異常等引起。近年遇到「水腫」患者多因缺乏運動、久坐、睡眠不足和長期便秘所致，通常改變「長期不動」的工作姿勢、坐姿與習慣，偶爾抬抬腿、多走動、跑跑步、多運動等，調整飲食習慣，少吃調味過多的食物或醃製物、多飲薏米水、穿上彈性襪、睡前將腿抬高，就能有效改善水腫狀況。然而，癌症所引起的腹水水腫難度便高了！一般祛水藥如茯苓、黃芪、大腹皮等沒效果。豬苓、葶藶子、通草才有療效。

想知道自己有否水腫問題，可作自我診查：（一）水腫先從眼瞼或下肢開始，繼及四肢和全身；（二）輕者僅眼瞼或足脛浮腫，指壓後可見輕度下陷，平復較快。中度者全身明顯水腫，指壓凹陷明顯而

深，平復緩慢。重者全身皆腫，甚至腹大脹滿，氣喘不能平臥；尤其是低位部位，皮膚緊張發亮，甚至有液體滲出。可伴有胸腔、腹腔及鞘膜腔內積液。外陰部水腫也很嚴重。（三）可有小便不暢，噁心嘔吐、頭痛、口有穢味等症；（四）皮膚繃緊光亮。

中醫角度，水腫是由於飲食不和、濕熱久羈、勞倦過甚、風邪外襲及肌膚瘡毒等而起。現代人的所謂水腫有時候會令小董摸不着頭腦，女病人指着自己的下肢、大腿、屁股、面部、手臂等說有嚴重的水腫，但檢查過後卻發現不到這個問題，硬要加給祛水藥！實在很為難！

小董在此給大家兩個湯劑用作保健祛濕消水腫：

一、清熱利濕，益氣養血

黨參三十克、黃芪三十克、冬瓜三百克、薏米三十克、紅棗六

粒、瘦肉適量，同煮六十分鐘。

二、分利濕熱，消腫行水

粉葛二百克、赤小豆三十克、茯苓十五克、薏苡仁三十五克、紅衫魚（煎香）兩條，同煮九十分鐘。

「消水腫」治療方劑

（一）黨參三十克、黃芪三十克、冬瓜三百克、薏米三十克、紅棗六粒、瘦肉適量，同煮六十分鐘。

（二）粉葛二百克、赤小豆三十克、茯苓十五克、薏苡仁三十五克、紅衫魚（煎香）兩條，同煮九十分鐘。

中藥減肥方劑

身邊朋友千篇一律地查詢「減肥瘦身」方案，希望趁天氣仍冷，在春天將近之時，開始減減磅，迎接春裝新款。

小董不厭其煩地重複又重複，相信讀者亦有相同疑問，故此決定在此公開中藥減肥方劑，一星期能瘦兩至三磅，但只會短時間有效，三星期便沒太大效果，皆因此方只針對性地袪除宿便和減掉水腫，當這些多餘雜質被減掉後，便起不了其他效用！如欲減脂肪和特定位置的贅肉，局部或全身針灸更有效。

荷葉三十克、炒白朮十五克、決明子十克、肉蓯蓉十五克、杏仁十二克、丹參九克、生薏仁二十克、黃芪二十五克、茯苓十二克、澤

瀉十克、玉米鬚十二克、甘草六克，六碗水煲四十五分鐘，剩兩碗，早、午各一碗。

除此之外，五十歲打後的你，可能不需要減肥肉，只希望能輕輕身，縮縮小肚腩也很開心！對嗎？小董建議懶得麻煩，每日兩杯簡單的「決明子檸檬蜜」，用決明子十二克加沸水先焗二十分鐘，待暖後加入檸檬兩片及適量蜜糖攪拌便一口氣喝掉！小肚皮兩星期便縮小！瘦身成功請發個電郵給我吧！

「減肥」治療方劑

（一）荷葉三十克、炒白朮十五克、決明子十克、肉蓯蓉十五克、杏仁十二克、丹參九克、生薏仁二十克、黃芪二十五克、茯苓十二克、澤瀉十克、玉米鬚十二克、甘草六克，六碗水煲四十五分鐘，剩兩碗，早、午各一碗。

（二）決明子十二克加沸水先焗二十分鐘，待暖後加入檸檬兩片及適量蜜糖。

十七年減肥戰

女人一生中，最漫長的戰爭便是「肥水之戰」。英國調查報告指出，女性平均花一生中的十七年在減磅祛脂！這也許做對了，皆因現時十大死因如：心臟病、癌症、糖尿病、中風等都與肥胖有關，但坊間減肥方法五花八門，包括扣喉、斷食、穿小一號的緊身衣等。

各種不同手段可能減掉一至兩公斤，但三數周後打回原形，還傷害五臟六腑，不值得哩！小董建議從怡情養性的新生活開始：

一、倫敦大學研究發現，每天飲用咖啡或茶類的人，可以讓「代謝症候群」症狀降低兩成五，亦即代表這些飲品能保持人體正常的新陳代謝率。每日一杯茶或咖啡，腰圍和BMI指數都比較小。

二、久坐之人必聚膏！中醫典籍記載脂肪乃「痰濕」積存，它勞累了脾臟使其更不得轉化！故用「久站」代替久坐，然後多往室內冷氣大型購物商場逛逛，是謂夏季港人的鍛煉方式。

三、年紀愈大則身體機能老化，臟腑功能失調使體質內外不融，再加上氣虛，無力排便，使毒素無法釋出變肥，許多「中年發福」由此而來！故多飲用「益氣養血」的藥膳湯水，能從根本把退化的問題「返老還童」，毒素無處可藏，脂肪無地可聚！

四、壓力型肥胖只落在壓力大的一群，在香港，即幾乎所有人！玫瑰花、決明子、陳皮、龍眼肉各五克焗水飲，每日兩至三杯皆可紓緩壓力。

五、飲水也肥、呼吸也會肥的你別灰心，中醫視為脾虛濕阻型，

絕食、地獄式喪跑也沒效果，可試小董的健脾燥濕湯：薏米、麥芽、北芪、淮山、陳皮、赤小豆各十五克，四碗水煲四十五分鐘，日飲兩碗。

切勿嘗試用傷害身體的瀉藥、毒品等來減肥，那樣的年代已經過時！現代人當活得聰明、健康優雅！

「減肥」治療方劑

（一）玫瑰花、決明子、陳皮、龍眼肉各五克焗水飲，每日兩至三杯。

（二）薏米、麥芽、北芪、淮山、陳皮、赤小豆各十五克，四碗水煲四十五分鐘，日飲兩碗。

女士請留心「紅斑狼瘡」

「紅斑狼瘡」你可能覺得與自己無關，但這病會在不以為意時突然發病，女士請多加留心以下症狀：臉上出現似敏感的紅斑，日曬後更趨嚴重；關節不時疼痛；身體發出異味（這與腎功能異常有關）甚至出現腰痛。

紅斑狼瘡是自身免疫系統出問題，攻擊各器官，中醫角度是毒熱內蘊，治療方案按病者症狀才能決定，可以是清熱解毒，活絡止痛，益腎養肝等不同療法，達到控制病情療效，利用中醫藥治療的效果顯著。

小董在南京中醫藥大學修讀中醫博士那年，駐江蘇省中醫院便親

眼目睹教授們，如何用中藥治療因「紅」而導致的關節紅腫疼痛及腎衰竭，經過多年經驗，得出有效用的方劑，願分享。

腎衰致腳腫方劑：黃芪二十五克，茯苓十五克，黨參十五克，車前子六克，山萸肉十二克，甘草八克，通草八克，白朮十二克，炒薏苡仁十五克，大棗兩枚，黃精十克，丹參六克，五碗半水煲五十分鐘，翻煎，日服兩碗，連服五天，有效退腫益腎。

小董鼓勵每位病人必須積極面對病情，希望在明天！祝心情開朗！

「紅斑狼瘡」治療方劑

黃芪二十五克，茯苓十五克，黨參十五克，車前子六克，山萸肉十二克，甘草八克，通草八克，白朮十二克，炒薏苡仁十五克，大棗兩枚，黃精十克，丹參六克，五碗半水煲五十分鐘，翻煎，日服兩碗，連服五天。

子宮肌腺症

假如證實患上「子宮肌腺症」，婦產科中、西醫都會不約而同地說：「很棘手、且十分麻煩兼不好受！」甚麼是子宮肌腺症呢？是當子宮內膜腺體出現異常生長，跑到了子宮肌層長成腺瘤，令子宮脹厚、變硬。

當每次月經來潮時，子宮收縮力增強致絞痛、經血量增多，這種小腹絞痛可以說簡直就在行刑般的大痛，女士們痛得死去活來、冷汗淋漓、面青唇白，且這痛可以在每次月經前的十四日開始，天天痛、晚晚痛，直至經血出現後還要繼續痛，完經也許再要多痛幾天才肯罷休，合指一算，可憐的一個月便捱着酷刑二十多天！生不如死！

症狀不太嚴重者，會用荷爾蒙藥物治療或裝上避孕器，無法改善便需接受手術，可惜，正因子宮內的正常組織與異常組織的間隔與界線並不明顯，要把這些散發着的星塵沙子小細胞清除透徹，談何容易！一旦未能剷滅，一段時間後，又再復發！故此，子宮肌腺症令不少女性活在恐懼及痛苦之中而不為人知。

中醫稱之為「癥瘕」，是痰濕、瘀血、經絡不通則痛的結果，治療以軟堅散結、活血祛瘀、利濕化痰及溫通經絡一併用上，這些年的治療效果均令人滿意！平時應該保持心境開朗、情緒穩定、壓力釋放；少吃冷凍食品和飲料，多鍛煉身體，不論是戶外運動、瑜伽或氣功等，都一定程度能疏通氣血經絡。

尿道炎之謎

尿道炎反覆發作，影響不少女性生活。你活到今天還未試過患上此病嗎？太幸運了吧！

臨床統計指，四分一女性一生中，至少會患上一次尿道炎，當中一半人可能會重複發作。不良的生活作息及衞生習慣都是感染主因。平時飲水不足，只酌量飲三至四杯、排尿少或經常「忍尿」的人，很容易讓細菌長時間存留在膀胱內，未能把九成九的細菌經排尿排出體外，減少了排尿頻率，且延長了尿液停留在膀胱內的時間，細菌因而趁機大肆繁殖致膀胱炎。

排洩後不正確的清潔方法，即「由後往前擦拭」，這錯誤方法可把陰道及肛門口附近的細菌帶到尿道口，造成不必要的感染，臨床研

究也證實，九成的感染是腸道糞便中的大腸桿菌。

服用抗生素治療時並沒有依時服完、吃吃停停，使自身的免疫力變得更差，尿道炎很快又再復發。

中醫稱之為「淋症」，病因由「濕」、「熱」引起，一般來説，只需利用清熱利濕藥，幾天下來便能痊癒，但是，若然你因經期前便出現尿道炎，甚至一年中有半年都疑似有此症狀的話，便可能是因情緒、免疫力、荷爾蒙水平有關，必須辨證才論治，利用疏肝解鬱、滋陰補腎及扶正祛邪的方法來根治！

小董給你一個小偏方，如初起尿道炎，有尿頻尿少的跡象時，可飲用：白蓮子四十克、車前子十五克、柴胡十克、炙黃芪四十克、麥冬十五克、黃栢十二克、瞿麥十二克、太子參十五克。五碗水煲五十

分鐘，剩下的一天分兩次飲用，連服四天為一療程。及早治療，免得病情惡化，使反覆發作的機會升高啊！

「尿道炎」治療方劑

白蓮子四十克、車前子十五克、柴胡十克、炙黃芪四十克、麥冬十五克、黃栢十二克、瞿麥十二克、太子參十五克。五碗水煲五十分鐘，剩下的一天分兩次飲用，連服四天。

白帶（帶下病）

有一位情緒不大穩定且性格極端敏感的女病人在小董的治理下，康復得令人滿意。回想起過去那十個多月來，除了偶爾出現焦慮和抑鬱之外，最令她本人擔憂的是其婦科問題。她每天都十二萬分在意有沒有「白帶」的分泌，且尋遍網路上的所有文章，當然這樣做沒有減輕她的壓力，相反，更把一大堆似是而非的病徵加構自己身上！甚麼盆腔炎、性感染、卵巢病變，甚至子宮頸癌等通通都覺得與她有關！小董奉勸各位千萬別作胡亂的自我評估，再對號入座，人生是充滿色彩的！別把墨汁、污泥往身上塗抹，很難擦去呢！

談起「白帶」，真的需要灌輸一些正確的知識給所有女性，是正常還是不對勁呢？要視乎其性質而定！先說說正常健康的白帶分

泌（生理性白帶），是透明如啫喱狀、無色、無異味、陰道周圍不應有痕癢。而「帶下病」則以其顏色來分辨，包括：赤帶（紅色、暗紅色、咖啡色）、黃帶（黃色）、青帶（任何綠色）、黑帶（灰色、黑色），這些不同顏色的分泌物均有可能是病理狀態，常配合下陰輕度至劇烈痕癢或刺痛、豆腐渣樣或水樣狀出現。

為甚麼會有此「帶下病症」？原因有許多，不一定是你們想的那麼骯髒所致！可以是公用廁所、毛巾、紙巾的細菌性陰道感染、使用避孕器的後遺症、清潔劑過敏、藥物過敏、穿着的褲子或內褲不透氣或過緊、情緒低落致免疫系統失調等等。假如你們出現帶下病的症狀初起，切勿擱置不理，可反覆感染且向嚴重方面發展呢！中醫防治此病有獨特功效，小董建議公主、皇后們不要穿尼龍材質的內褲，挑

純棉質的好！排便後廁紙方向應由前往後擦拭，免將肛門細菌帶到陰道；切勿亂服非醫生處方的抗生素或外用洗劑、栓劑。

給你們預防保健甜湯，常飲能有效提升免疫力：白蓮子二十克、茨實二十克、紅豆二十克、南棗三粒、野生無璜雪耳十克（可電郵取購買地點）、馬蹄二十克、蔗糖適量，六碗水同煲一小時。

「白帶（帶下病）」治療方劑

白蓮子二十克、茨實二十克、紅豆二十克、南棗三粒、野生無璜雪耳十克（可電郵取購買地點）、馬蹄二十克、蔗糖適量，六碗水同煲一小時。

安胎

嫁個好老公，是大多女性的夢想；婚後生個孩子，也是大多夫妻的夢想。可是愈想要孩子，卻愈容易流產。如果流產連續三次或以上，那就是「習慣性流產」，中醫稱為「滑胎」，最容易發生在懷孕頭三個月時。

老一輩常說：「懷孕未足三個月不要向親戚朋友說，孩子會小器的。」

在「習慣性流產」中，往往發生在懷孕三個月時，其主因有三：

一、先天性子宮發育不良，即本身宮頸口鬆弛，當懷孕後，羊

水增多，胎兒漸大，宮腔內的壓力增加，而無法控制時，便會造成流產；二、母親因之前多次流產、多次刮宮手術，導致子宮頸口有損傷；三、身體免疫系統出現問題。

先天性子宮發育不良，便是中醫常說的「腎虛」；人工流產，也會造成「腎虛」體質。當孕婦再次懷孕時，很多時因虛損而陀不穩胎兒。

所以在生孩子時要計劃好，不要輕易地做人工流產。決定好生孩子，便要調理好身體，改善體虛，避免流產情況發生。

小董就曾經有孕婦前來求醫說：「之前懷孕多次也不成功，擔心今次也陀不穩，奶奶已給我很大壓力，教我如何是好？我是否不能生嗎？」。

小董為她把過脈，發現她「腎虛」明顯，加上年紀漸大體虛，難怪有了胎兒卻不穩定。

當我在治理這類體質時，一般都離不開補腎，透過補腎，使虛弱及提前衰老的體質回復青春，讓母親能順利誕下BB。

小董有個保胎良方，能補氣養血，益腎健脾，安胎。

黃芪十二克、白朮十二克、川續斷十二克、砂仁十二克、黃芩六克、糯米十五至二十克、紫蘇葉六克、菟絲子十克。

四碗半水煲四十五分鐘，每日一劑，分兩次服。懷孕兩周後便可

開始隔天服一劑，建議連服六星期，有安胎之功。

「安胎」治療方劑

黃芪十二克、白朮十二克、川續斷十二克、砂仁十二克、黃芩六克、糯米十五至二十克、紫蘇葉六克、菟絲子十克。四碗半水煲四十五分鐘，每日一劑，分兩次服。懷孕兩周後便可開始隔天服一劑，連服六星期。

「保養」回春

經常收到讀者來郵，說生兒育女後，「坐月」時沒好好調理自己，隨便吃了幾隻雞，炒幾碗薑飯袪風，自覺體質走下坡。若干年後，常有小毛病，包括頭痛、頭暈、身體各處偶爾酸痛、腰痛、膝蓋無力，最要命的是動不動便勞累，是因年紀長了嗎？小董告訴你們，非也！

女士若年過三十五而不作「保養」的話，會容易疲倦，因女性荷爾蒙是令你們容光煥發的妙丹、仙藥，如這可愛的荷爾蒙水平下調，便會出現「老態」！這詞甚為驚嚇吧！才貼近四十歲，便老了？對！是身體機能衰退，產子後虛耗更甚，氣血、津液、腎精等都傳了給BB，當然還要傳最好的！然後，幾隻小雞便補回了？不可能吧！

「虛勞」變成了現代母親的後遺症，繼女性荷爾蒙分泌下調、生兒、夜半餵奶、睡眠不足，湯水欠缺或錯配，陰陽失調之後又到上班的時候了！回家後抱ＢＢ、做家務、如有長子長女還要教功課，帶往課外活動。好了！到這一刻，停一停、想一想！你們為自己的身體付出了甚麼？付出過幾多？虛耗過度了嗎？無論何時也拖着疲累身軀嗎？能再捱多久？很快便步入「更年期」了！更多的小毛病準備纏上你！

沒空看中醫嗎？小董給偉大的你一則破解虛勞之湯方，能讓你回復青春活力，內外健康：黃花膠一隻，螺頭肉一個、豬骨適量、熟地十二克、阿膠珠十二克、黨參十二克、黃芪十二克、蜜棗兩枚，同煲九十分鐘。一星期一至兩次，如發現自己已經面容憔悴、暗啞無光、氣短懶言、對甚麼事都似乎有心無力的話，則虛勞積累過深，建議及早找醫師治療，免得化為情緒病則更難處理！

「虛勞」治療方劑

黃花膠一隻，螺頭肉一個、豬骨適量、熟地十二克、阿膠珠十二克、黨參十二克、黃芪十二克、蜜棗兩枚，同煲九十分鐘，一星期一至兩次。

更年期閉經

每天都收到有關婦科問題的電郵，當中問得最多的是與「更年期閉經」有關的事。

近年發現不少女性未足五十歲，便出現月經不來的情況，有機會是閉經，但若是你只有四十來歲，月經停止三、四個月又見，來一次便又失蹤，再等兩、三個月才見的話，這情況在中醫學上不叫閉經，也許只是荷爾蒙失調，腎虛致月經失調而已，但千萬不要不理，擱着不理只會令荷爾蒙繼續紊亂。當然，在此同時會出現潮熱、盜汗、失眠、躁狂等症狀是預期之內。

小董被問得最多的是：「等月經自然停止是否恰當？」這問題要處理得較小心：四十五歲便有更年期閉經症狀必須治理得當，過早收經會令身體健康偏向下坡走，女性荷爾蒙有保護心臟、皮膚等器臟功能，過低或不調只會令你加速衰老、退化，使得人看上去比實際年齡更老！

看到這裏應該明白我的意思了嗎？假如年近五十，則可以用「調理」的方法，令荷爾蒙穩定地處於平衡水平，便不會對身體造成太多衝擊。無論如何，女士們必須對「更年期閉經」懂得如何調治才能好好過日子！

閉經年輕化

閉經漸趨年輕化，影響不少女性的心理和生理健康。許多人以為斷經後便會衰老和出皺紋，其實這只是其次，女性荷爾蒙對心臟起保護作用，閉經可能是荷爾蒙下調所致，對心臟造成一定影響，故更年期女性大多出現心悸症狀。

早陣子一位年約四十二歲的女士求診，已停經七個多月，荷爾蒙血液檢驗指水平臨界，西醫指未至停經，開了通經藥月事便來了，卻只出現那一次後又消失不見！細談終發現病因是：擔憂思慮過度。

假如月經中斷了六個月或以上而非因懷孕、哺乳期，則可以沖任氣血失調而作調理治療。

腎虛、脾虛、血虛、血瘀、痰濕都是病機，必須盡快調理。

假如你們有閉經先兆問題，可試以下湯方，但如中斷期已久，則建議找中醫師對症下藥：女貞子九克，當歸十克，淮山四十克，杞子十五克，桑寄生二十克，蓮子二十克，何首烏十克煲烏雞，每星期兩至三次，連服兩周，看看有否改善！

「閉經」治療方劑

女貞子九克，當歸十克，淮山四十克，杞子十五克，桑寄生二十克，蓮子二十克，何首烏十克煲烏雞，每星期兩至三次，連服兩周。

投資銀行高級經理來求診，眼泛淚光，娓娓道來：「二十年的勞力加努力，卒之捱到這一天準備坐上最高位置，卻因身體不適而被迫放棄，實在不甘！」小董問：「是甚麼問題嚴重到要放低高薪厚職和畢生心血？」

她嘆了一口大氣答：「突發性心跳加速，每次發作都頭暈腦脹、發冷發熱、冷汗淋漓，每天如是，徹底檢查都查不出原因，我生怕這就是所謂的隱性心臟病，故此把工作暫且放下。」四診脈參後，隱性心臟病就未能確定，但肯定是女性荷爾蒙失調，更年期所致的心悸！

很多女士只知道更年期會出現「閉經」，卻不知也會有「心悸」的情形，即心跳突然加速、心跳大力，自己也能聽到這心跳聲。這時候，必須先放鬆心情，找一個通風地方坐下休息，通常一分鐘後便會恢復正常。

假如是心臟病發的話，會伴有胸痛，或蔓延至手臂、肩痛或不適，別自己嚇自己引起焦慮，令心跳更加不穩定。

而更年期症狀中，也偶爾出現「驚恐」，忽然在無因由下害怕、心慌慌、不知所措，繼而也許想哭出來，別太緊張或擔心，這種驚恐感覺只要稍微定一定神便能揮去，也是荷爾蒙分泌失調的原因。

但是，假如患上「怔忡」，則是情緒病的一種，可發生在任何年紀、不分男女，一天到晚都處於十分驚慌的情緒中，可能與「血清素」分泌失調有關。

「心悸」的確令人擔心，但只要對症下藥，藥到病便除！小董給更年期的你一個方劑治療心悸：炙甘草十五克、黨參十二克、生薑兩片、桂枝十克、麥冬十二克、大棗五枚、阿膠珠三粒（較難在一般藥材舖找到，可電郵小董索取購買資料）、生地黃十克，當歸十二克，五碗水煲一小時，可翻煲，每日兩碗，連服七天有顯效。

「心悸」治療方劑

炙甘草十五克、黨參十二克、生薑兩片、桂枝十克、麥冬十二克、大棗五枚、阿膠珠三粒（較難在一般藥材舖找到，可電郵小董索取購買資料）、生地黃十克，當歸十二克，五碗水煲一小時，可翻煲，每日兩碗，連服七天。

更年期要調理

女性踏入四十五周歲後便出現許多小毛病，除了失眠、多夢、多疑、暴躁、盜汗外，最擾人的便是那不受控制的月經周期不準、延長、過多，甚至出現一個月來兩次等等的不正常現象。

其實，女士早已知道這些問題的出現正是更年期的訊號！然而，就是不大願意去調理，小董這些年每每跟病人提起「更年期綜合症」這名詞，都看見她們的反應甚大：「睬！唔係卦！咁早？四十幾咋喎！我媽咪成五十幾歲先停經……」

年過四十，女性荷爾蒙經已下調，身體通報不必再懷孕，於是荷爾蒙便慢慢下跌至某水平，足夠保護心臟、體內正常運作便維持在這

水平上，但往往在調整期間遇到許多「情緒波動、壓力、疾病、休息不夠」等原因，令本來「慢慢」調節的荷爾蒙突然改變速率，身體便會出現「未能適應」的狀態，如上所述的小毛病！當中尤以「崩漏」（即經血流量超級多），令女性煩惱，影響工作以及身體虛弱。

中醫診斷分為：腎虛、脾虛、血熱及血瘀幾個不同證型，必須根據四診才能正確辨識並對症下藥，小董見過不少病人因怕尷尬，一拖再拖不肯面對醫者，說實在的，這是人體正常的生理改變，沒有尷尬或難為情的必要！

別等到情況嚴重，得了焦慮再加抑鬱病，那成了難治病便真的「乖乖不得了！」早期的荷爾蒙失調，只需用簡單中藥調理約三至四周便可！速找你的家庭中醫師幫忙！

血虛

「血虛」是低血壓主要的病因。節食、減肥是現代女性形成低血壓，甚至貧血的主因。情緒低落亦然，患者要注意晚上睡覺時將足部墊高，可減低症狀，並保持充足睡眠，不要熬夜，養成規律的作息習慣。由於「打機」已成為年輕一代的娛樂，他們日以繼夜，不眠不休地浪費精力在「過關」中，血壓受嚴重過勞影響，間中也會出現「腦抽筋」情況，不容忽視。

一、自我診查

（一）收縮壓低於90mmHg，舒張壓低於60mmHg的情況下

（二）偶見頭暈、乏力

（三）容易疲勞

（四）白天昏昏欲睡、夜間失眠
（五）體位改變時（蹲下，站起）、眼前冒金花、心悸症狀
（六）心慌氣短

二、中醫說病因

（一）氣血虧虛
（二）脾虛
（三）肝臟虧虛
（四）飲食不節

三、藥膳調理

人參螺頭燉烏雞（二人份量，四至六碗水）

功效：益氣養血、滋陰補腎。適用於氣血雙虧、面色蒼白、手足冷凍患者。

做法：高麗參十二克、紅棗五粒、螺頭一個、淮山二十五克、烏雞半隻、杞子十二克，同燉兩小時。

四、食療

茨實煮老鴨

做法：茨實三十五克、白蓮子二十克、老鴨半隻、紅棗六粒、杞子二十克、冬菇六隻，同煮九十分鐘，加調味。

五、忌吃食物

少吃瓜類、芹菜、綠豆、海帶、洋蔥、葵花籽等具降血壓功效的食物。

「血虛」食療

（一）人參螺頭燉烏雞（二人份量，四至六碗水）

功效：益氣養血、滋陰補腎。適用於氣血雙虧、面色蒼白、手足冷凍患者。

做法：高麗參十二克、紅棗五粒、螺頭一個、淮山二十五克、烏雞半隻、杞子十二克，同燉兩小時。

（二）茨實煮老鴨

做法：茨實三十五克、白蓮子二十克、老鴨半隻、紅棗六粒、杞子二十克、冬菇六隻，同煮九十分鐘，加調味。

第二章

男士篇

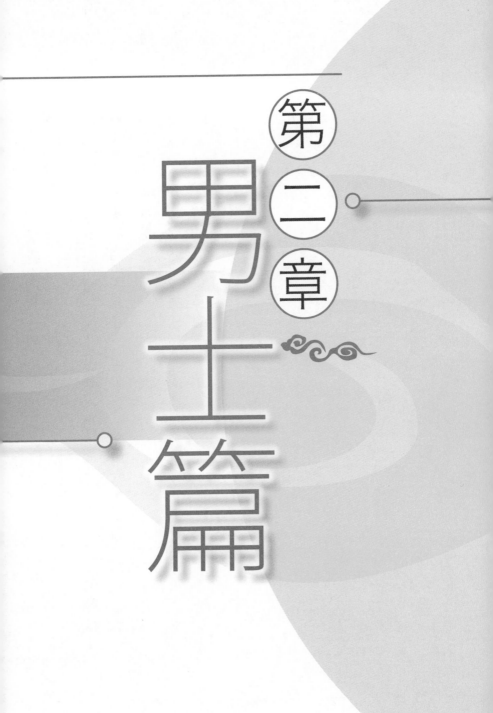

治。陽痿湯方

過去一年，收到許多男讀者的電郵，字裏行間不經意提及一個敏感詞彙「陽痿」，在中、西醫學的書本上都有這一病徵，患者害怕跟任何人談及這問題，擔心別人恥笑、傷害自尊等，進一步加深病情！

小董今天告訴你們，「陽痿」跟傷風流鼻涕一樣，是人體系統上的一時失靈，沒甚麼大不了，更沒甚麼羞恥的！千萬別以為神秘的舊樓怪醫有獨門秘方，用火烤、敷雞蛋、吃「元寶蠟燭灰」等可治療！損失金錢無大礙，永久傷了身體後悔莫及呢！

「陽痿」是指成年男子性交時，由於陰莖萎軟不舉，或舉而不堅，或堅而不久，無法進行正常性生活的病症，內因是先天影響、勞累過度、情緒所傷、飲食不當；外因是感染風寒、久居濕地等，看到這裏應該呼一口怨氣吧！都市生活、環境上的影響，令肝腎、心脾、氣血、陰陽受損，經絡失暢致失養發病，只要辨清病因，了解日常生活有甚麼令身體虛耗過度，對症處理，包括改善生活習慣、調補所需，利用中藥加食療，這「失靈」很快便修理好，操作恢復如常了！一般來說，男士患上這機器失靈大部份都因「命門火衰」，患者出現：疲倦、下肢冰冷、面色青白、有頭暈、耳鳴、夜尿頻等，小董給你們一個湯方先試試七天，如機器故障日久失修，才找醫師治療吧！

湯方：熟地十二克、當歸十二克、杜仲十二克、巴戟天十二克、肉桂粉五克、杞子十五克、仙茅九克、山茱萸十二克、紅參片六克，蜜棗兩粒，雞腿一隻（新鮮或冰鮮），十至十二碗水同煲九十分鐘，

剩下兩碗分早、晚各一碗。（高血壓及體質偏熱者忌服）

「陽痿」治療方劑

熟地十二克、當歸十二克、杜仲十二克、巴戟天十二克、肉桂粉五克、杞子十五克、仙茅九克、山茱萸十二克、紅參片六克，蜜棗兩粒，雞腿一隻（新鮮或冰鮮），十至十二碗水同煲九十分鐘，剩下兩碗分早、晚各一碗。（高血壓及體質偏熱者忌服）

陽痿用「愛」醫治

大多數時候集中寫婦科疾病或問題，去年年初登過一篇「前列腺肥大」的男士煩惱，來了幾百人，痊癒受控的百多人，小董一直認為男人不喜歡睇醫生，除非真的發生大事，也要花很長時間說服自己，才身體力行求醫。

今天，決定寫「陽痿」這題目，也是因為一位病人啟發，他來看我四次，每趟都說只是調理一下身體健康，沒啥大問題。第五次，也就是他對小董熟悉了，也知道我並非那些古老石山的醫師，面帶尷尬欲言又止，結果還是不清不楚細細聲吐出了兩個字：「唔得」。

陽痿是指成年男子性交時由於陰莖萎軟不舉，或舉而不堅，又

堅而不久，無法進行正常性生活的病症。病人或會自行買一些所謂的「春藥」，或相信一些古靈精怪的中藥偏方，這些做法都是可以理解的！然而，還有一幫人會想出一些古怪方式，小董曾不下一次聽到，病人嘗試找不同的性工作者進行「療法」，甚至不用「保護套」，這是多麼危險的行為！

陽痿病在於心、肝、脾、腎位，要正視、正面治好它！完全不需感到害羞，大多數患者都有腰酸膝軟、面色不華、神疲倦怠、夜尿頻、手腳不溫、或失眠、大便不成型等症狀，總而言之，是命門火衰、心脾血虛之虛症為要！切勿看到這裏便買一大堆參茸海味亂補一番，調補出差會雪上加霜哩！

自古以來，男人的性能力都似乎跟「有沒有用」攸關，實情根本拉不上關係，「得唔得」是你和伴侶兩口子之間的默契，別再自己加給自己無謂壓力了，不論這一刻在看此文章的是你或妳！只要發現自己或身邊的另一半真有此問題時，用「愛」去醫治，尋醫去吧！一般治療時間約需一個月而已！

解決男士五十歲後的煩惱

有朋自遠方來電，傾訴她六十多歲的爸爸近日行為怪異，不願與其他人接觸，也不願意上街，終日躲在睡房內看電視，早幾天放假便使出「人盯人戰術」，發現老爸每隔四十五分鐘便上廁所一趟，每次更要呆上十分鐘才出來，女兒進廁所搜索一番，未見血跡或異樣，頗為擔心。

小董聽畢說：「別過份憂心，該是前列腺問題所致，前列腺肥大是許多五十歲後男士的煩惱，它體積增加故輕壓膀胱致少許尿量便引起尿意，故尿頻！在嚴重之時會有小便斷續或尾段時點滴不盡的情況。中醫在治療這病的效果奇佳！另外一個可能性是尿道炎，只需消炎藥便藥到病除，最後必須排除前列腺癌，要作超聲波的檢查……」

男士們不婆婆媽媽，非必要時，是不會看醫生的，更何況有關泌尿或生殖系統科，難於啟齒！可以試試以下改善前列腺肥大用的方劑，以免受不必要的生理和心理折磨：夏枯草二十克、浙貝母十五克、昆布十二克、黃芪二十五克、半夏十克、炒白朮十二克、丹參九克、桔梗九克、澤瀉九克、車前子十克、鱉甲三十五克（先煎：用三碗水先煎鱉甲三十分鐘），加入其他藥材和另外的三碗水，再煎三十分鐘，剩兩碗分早、晚各一碗，連服十五天，見效！如感太複雜，可由註冊中醫師配發濃縮中藥，一沖即飲，同效！

「前列腺肥大」治療方劑

夏枯草二十克、浙貝母十五克、昆布十二克、黃芪二十五克、半夏十克、炒白朮十二克、丹參九克、桔梗九克、澤瀉九克、車前子十克、鱉甲三十五克（先煎：用三碗水先煎鱉甲三十分鐘），加入其他藥材和另外的三碗水，再煎三十分鐘，剩兩碗分早、晚各一碗，連服十五天。

第三章

長者篇

及早發現腎衰竭

當腎臟功能只剩下正常人的十分之一以下時，便無法有效排除人體內的代謝廢物及水份，就是末期腎衰竭。患者需要接受飲食控制、藥物治療，嚴重者需使用替代性療法取代腎臟功能，以維持人體正常的生理狀態。

常見的治療方法有血液透析，俗稱「洗腎」；腹膜透析，即「洗肚」；以及腎臟移植，其間腎衰竭患者常遭受許多痛苦和困擾。

其實傳統中醫中藥可以有效幫助腎衰竭患者擺脱痛苦和困擾，甚至有機會避免接受透析或通過腎移植挽救腎功能。

腎功能衰竭，簡稱「腎衰竭」，是指因腎病變，造成腎臟出現問題導致未能有效帶走血液中的雜質，繼而影響身體代謝，嚴重者可致命。

腎衰竭可區分為急性和慢性兩種。「急性腎衰竭」病情進展快速，當正常腎臟在受到某種原因的傷害後，如外傷、燒傷或休克等，或是腎臟因某種原因阻塞，或是受到毒物的傷害，導致腎臟血流供應不足而喪失原有正常功能，無法順利排出體內的水、尿素及其他代謝廢物。「慢性腎衰竭」的主因為長期腎臟病變，隨時間及疾病進行，腎臟功能逐漸下降造成腎衰竭，最後演變成尿毒症。

腎衰竭在早期幾乎沒有症狀，大部份經由定期檢查發現，但也有些警覺性較高的患者，會注意到腎臟情況改變，如尿液出現泡泡、血尿、尿量減少或增加、頻尿等症狀。

隨着腎臟功能衰退，病患會慢慢出現一些末期腎衰竭及尿毒症狀，如噁心、嘔吐、食慾不振、疲倦等症狀。

小董根據不同患者的主要臨床表現採取辨證論治，如蛋白尿、血尿、水腫等。如果併發外感等表證，則採取「急則治標」的原則治療。

始終腎衰竭的病徵因人而異，差異頗大，嚴重性高，小董行醫多年，臨床上遇過不少患者，在中醫藥診治下頗有成效，避免情況惡化，患者宜盡快找家庭中醫師診治。

心臟手術後的天然補品

許多人以為患心臟病或曾做過「通波仔」等的心臟手術後，只可服西藥，卻忽略透過中藥及營養控制的天然補品，達到預防再次覆發的情況。小董今天告訴你，正確照顧好心臟的蔬菜、水果和保健藥材，好好收藏啊！

菠菜：補血，可降低心臟病風險指數。

洋蔥：能調節血脂、血壓和預防血栓形成。

芹菜：可使血壓和膽固醇下降一成四，具有排鈉（鹽）作用，利水消腫。吃芹菜別把葉子丟了，它所含的維他命C比芹莖還要高呢！風熱感冒喉嚨痛初起，買一大扎中國芹菜，摘下葉子洗淨，用熱水燙一下把它吞下，省下不少醫藥費呢！

山藥、秋葵、黑木耳、海帶：可加速膽固醇排出體外。黑木耳還可抗血小板凝結，高效預防血管栓塞；海帶則能預防動脈硬化。可惜現實生活中，這些食物有供不應求的情況，大部份都攙有琉璜或其他不知名的化學物質來避免腐爛，尤其是黑木耳，真正天然的買少見少，有見及此，小董親身到中國的農產品供應商挑貨，如你也需要山藥、野生黑木耳，請電郵給我預訂。

空心菜、草菇、杏鮑菇：能控制血壓。

香蕉：預防高血壓及中風。

士多啤梨：幫助血流順暢，降低高血壓的風險達百份之八。

蘋果：避免膽固醇在血管中堆積。

葡萄：降低膽固醇，增加好的膽固醇來保護心臟。

橙、石榴、橘：可預防血液裏的膽固醇堆積。

薏米：可加速肝臟排除膽固醇。優質薏米三十克，煲一小時，一天一碗，連續服食三十天，血中膽固醇明顯下降。

大蒜：防治心肌梗塞或中風。

中藥材有丹參、北芪、絞股藍，必須由註冊中醫師處方，如服用薄血丸等心臟藥，記緊告訴你的主診醫師！當然還有綠茶、堅果、山楂、黑朱古力等食物有益心臟，至於吃多少？採「中庸之道」吧！

解救白髮

「白髮魔女」、「白頭佬」、「老人精」等稱呼都因頭上一把白髮起！

假如你已年過五十，也樂於接受這稱謂就罷了，若年紀輕輕，且白髮亂生一團，像打了一餅「結」的魚絲綑在頭頂上，真的有礙觀感呢！

過去許多求診者總會向小董請教如何不再長出白髮，甚麼黑芝麻磨粉、何首烏燉湯、旱蓮草洗頭等，似乎你們懂得比我還多！但都不奏效吧？！

其實，「白髮」是中醫書述的一種病症，但並非指正常的老化變白，五十多歲出白髮屬正常，若青少年時期頭髮過早變白，即西醫的「早老性白髮病」，中醫謂皮膚病「白髮」。病因包括：氣血兩虛、氣血瘀滯（久病、慢性疾病）、肺胃積熱（嗜食辛辣肥膩之品）、情緒不穩（尤以憂慮、悲傷、擔心為要），致精血未能循經絡滋養毛髮，毛失所養則髮枯而白。當然遺傳也是一個原因。

小董這些年試過不少古方、偏方，試圖治療這頑固性慢性皮膚病，最後得到一個具良好效果的治療方案，除了改變「夜眠」的生活習慣外，原來「人參」才是治療根本的最佳方法！

無論是因為氣血不足、年齡增長而肝腎退化或氣瘀血滯、情緒波動，就是正確使用「人參」，便能夠在三個多月內把白髮漸漸變黑！得咗！小董快將九十歲的外婆經常在我的診所出現，她一頭銀白濃密

的髮絲早已長出一大幅的烏黑頭髮，服了兩年多的人參湯，現在黑的比白的還要多，病人看見她都嘖嘖稱奇！

人參怎麼吃？春夏季用太極人參和桑椹子製成蜜糖，開水飲；秋冬季用紅參和桑寄生蓮子燉湯喝，能有恒心的，白髮拜拜無難度，但肯定沒有速成之法！至於人參和藥材份量則因人而異，建議找中醫師調配！

「白髮」治療方劑

春夏季用太極人參和桑椹子製成蜜糖，開水飲；秋冬季用紅參和桑寄生蓮子燉湯喝。

尿失禁

「尿失禁」不但會發生在老年人身上，當男士壯年期前列腺肥大或女性膀胱肌肉鬆弛時，不論年紀大小，也有機會發生「尿失禁」。

此問題對生活當然有影響，例如：打噴嚏、咳嗽、大笑、提重等，均會不自覺地「漏尿」，嚴重的還會連急步走路都會有點滴漏出！引起尷尬場面之餘，更造成十萬個不方便，包括不敢坐長途車，社交活動減少等等。

小董這些年見過不少這類患者，年齡介乎三十五至九十歲，年紀

較輕的一般不嚴重，卻最影響情緒，年長的自尊心受損大，無奈地需要家人照顧，用上尿墊或引起濕疹和其他不適症狀，許多人更以為只要少喝水就能解決問題！但這是「斬腳趾避沙蟲」的方法，還會引起尿結石呢！

除手術治療外，利用中醫藥的效果不遜，「漏尿」以中醫原理來解釋，是因為腎氣虛衰，衰老過程中膀胱肌肉退化致約制不了尿液，治療方面該針對患者的生活作息時間、飲食、工作壓力、工作性質，是否過度虛勞等作參考；女士們還需多加了解到生育、荷爾蒙等不同情況，才可以中醫藥療或食療來改善「尿失禁」的情況！

簡單食療一則能有預防效果：生曬參鬚十二克（如找不到可電郵小董）、黃芪二十克、淮山三十克、茨實十五克，煲水飲，一星期兩次！

「尿失禁」治療方劑

生曬參鬚十二克（如找不到可電郵小董）、黃芪二十克、淮山三十克、茨實十五克，煲水飲，一星期兩次。

「返老還童」

「人口老化」這個問題今天大家有目共睹，你和我剛又添了一歲！

年紀增長是自然現象，古代秦始皇費盡心思尋索「長生不老藥」，為的是要健健康康繼續活下去。時至今日，長生不老似乎沒可能，但返老還童卻有辦法！

從某一天，當你察覺自己很容易忘記一些小事情的時候，便開始「衰老」了！記憶力不饒人，是忘記的便忘得一乾二淨，沒有中間位。中醫認為，健忘有虛實之別，虛證多因日常生活工作壓力或生活瑣事使思慮過度、勞神傷心，使陰陽失調，心血少，心腦失養而時常

慌失失或所謂的「大頭蝦」，假如不在這時調養，腦子會更不靈光，腦退化會變本加厲成為「老人痴呆」，把所有人、所有事都忘掉了，很可怕！

小董最疼錫家人，外婆快九十歲了，腦筋還是和四十歲的青年人一樣靈光，皮膚柔軟程度跟四歲的曾孫仔沒有兩樣！對！是小董每天的藥膳湯，以及中藥保健品十多年來的功效，只要堅持養肝補腎、益氣補血這八個字的大方向，當然還需辨別個人體質來對號進補，便達到上佳效果。

現代人固之然明白健康重要，故把一大堆的維他命、小丸子通通

吞下肚子，這不可行。從天然植物中吸收精華，也必須知道自己身體到底缺陰還是缺陽才成。中醫藥保養、保健，並非隨便抓一把淮山、杞子、黃芪煲一煲湯，更不要以為燉一盅貴價的冬蟲草、鹿茸，便等於「一日一蘋果」，談何容易！

話說回來，假如你早已察覺自己健忘，這已是中醫課題上的一「病證」，小董先給你一個美味湯方，有齊上述八大字方向的補養，然後的起心肝，找一位可靠的中醫師四診，從今起為自己的身體，作「返老還童」大法吧！

二人份量：猴頭菇三十克、巴戟天十克、龍眼肉十二克、杜仲十克、北芪三十克、淮山四十克、杞子二十五克、蜜棗兩粒、冰鮮螺肉適量、烏雞或水魚一隻，同煲兩小時。每星期一至兩次。

「返老還童」治療方劑

猴頭菇三十克、巴戟天十克、龍眼肉十二克、杜仲十克、北芪三十克、淮山四十克、杞子二十五克、蜜棗兩粒、冰鮮螺肉適量、烏雞或水魚一隻，同煲兩小時。每星期一至兩次。此方乃二人份量。

第四章

五官、補肺篇

治「鼻瘜肉」有法

「鼻瘜肉」是鼻腔內的贅生物，形狀如葡萄，光滑柔軟。假如你有以下症狀，便須留意是否有鼻瘜肉的生成：持續性鼻塞、嗅覺失靈、鼻涕倒流或增多，常見頭痛、頭暈。這跟「鼻敏感」不同，鼻敏感兼有打噴嚏、鼻癢！假如鼻瘜肉不只一粒，且體積較大的話，更會形成鼻外形的改變，如鼻樑變寬而膨大。

「濕濁」是形成此病的原因，平時嗜吃生冷、辛辣等均易損傷脾胃，引致脾虛。大便稀爛、舌苔厚等便是濕濁開始內困的徵兆！祛濕茶能清熱利水，小董建議用「健脾」的方法更奏效，「淮山、芡實、白朮、茯苓」皆是健脾之品，煲湯時放些下去有益脾胃！男生餐後即屙且爛便，可用三十五克淮山，煲水四十五分鐘，飲用後有幫助！

鼻瘜肉除以手術治療外，中醫分內、外治法。古人會用「茴香草散」吹入鼻孔內，然後用絲線和銅箸扣着小瘜肉拉緊，便把這「鼻痔」拔掉，這技術相信你我今天也不會嘗試，太嚇人了吧！

假如鼻瘜肉長得不太深入的話，小董有祖傳秘方，利用苦丁香、青黛等研成粉末，塗於瘜肉上，一至兩個月瘜肉拜拜！萬試萬靈！但若它長得深入，則可先試內服：陳皮十五克、川貝十二克、積實十二克、絲瓜絡十五克，四碗水煲四十五分鐘，翻煎，日服兩碗，連服十天，看看鼻塞是否已緩解或改善！

市面上有清洗鼻腔的「海水」，亦即鹽水購買，許多家長見小朋友鼻敏感便買來每日替他們「洗鼻」，且每天最少洗兩次，但小孩鼻內肌膚嬌嫩，也許抵受不了那濃度，久而久之，鼻內黏膜被傷害、連嘴唇、皮膚也被流出來的鹽水弄傷，變成敏感或灼傷，疼痛、紅腫，

治「鼻瘜肉」有法

嚴重者更會流鼻血！故當大人或小朋友出現上述病徵，也許並非只是鼻敏感哩！對症下藥才能藥到病除！

「鼻瘜肉」治療方劑

(一) 三十五克淮山，煲水四十五分鐘。

(二) 苦丁香、青黛等研成粉末，塗於瘜肉上，一至兩個月見效果。

(三) 陳皮十五克、川貝十二克、積實十二克、絲瓜絡十五克，四碗水煲四十五分鐘，翻煎，日服兩碗，連服十天。

開鬱行血治眼魔

「黑眼圈」是所有女性的「天敵」！男士們若也擁有這雙「熊貓眼」，會給人有「癮君子」或「虧虛」的感覺，它似乎不受任何人的歡迎！可是，卻偏偏喜歡在不知不覺間出現在你的眼袋附近，中醫稱為「眼魔」，字面上正有神憎鬼厭的意思，指胞瞼周圍皮膚呈黯黑的眼症，即西醫的眼瞼靜脈性充血。

它並不伴隨其他眼疾而悄悄出現，說準了，就是因為年老體衰、勞倦內傷等因素有關。情緒不好也有一定的關係，久病、肝鬱、血行不暢，瘀血停滯於胞瞼而致眼睛四周青黑。小董的姨姨早年感情生活出了岔子，終日沉淪於抑鬱狀態，安眠藥是她的唯一伴侶，三年後身體狀況令人擔心，但是，愛美的而且確是女人的天性，她不管如何

陷於低潮，出門前必定塗上胭脂水粉，無奈一雙黑眼圈總是沒辦法把它完全蓋過，聽說過百偏方可治理好甚至把它袪掉，電視廣告上一切有關的產品都買回家，能敷臉的、藥貼的、吃進肚子的都努力一試，可惜均無效果。然後小董給她開了一個方子，利用「開鬱行血」的治法，再加上磁石貼上耳穴，令頭臉部的血液循環改善，把瘀血袪掉，六星期後，熊貓眼拜拜，人也變得開朗起來！

如你們也經歷這折磨，中醫治這「眼魔」確有非凡之功！食療法對輕症的也有大幫助：桃仁六克、香附三十克、北芪十五克、粳米五十克、山藥三十克，先將桃仁搗爛，加一碗熱水浸泡三十分鐘，研汁去渣，把汁液與其他材料，加入六至八碗水，同煲九十分鐘至稀薄

粥，服用前加上六克「野生黑杞子」拌勻，每日兩次，每次一碗，連服三十天，有改善！

「眼魘」治療方劑

桃仁六克、香附三十克、北芪十五克、粳米五十克、山藥三十克，先將桃仁搗爛，加一碗熱水浸泡三十分鐘，研汁去渣，把汁液與其他材料，加入六至八碗水，同煲九十分鐘至稀薄粥，服用前加上六克「野生黑杞子」拌勻，每日兩次，每次一碗，連服三十天。

對抗白內障

經常有病友問到白內障問題，白內障就是眼睛原來透明的水晶體有混濁現象，透明度降低，或者變得完全不透明的一種眼病。早期症狀可能有視力模糊、色調改變、晶體性近視等。由於晶狀體混濁一旦形成，尚未有方法令其消退，所以只能用藥物控制疾病發展。中西醫在治療白內障上各有所長，西醫多半給眼藥水，嚴重的要手術治療。至於中醫方面，根據患者體質施藥，經適當調理，不少病人症狀得到改善，減緩老化速度。

白內障患者大多年紀較長，就中醫來說以肝腎陰虛為主，但近年愈來愈多中年，甚至青少年患者求診，相信由於現代人生活壓力大，加上低頭族多，眼睛長時間對着手機或電腦屏幕，易傷及肝、脾、心三個部份。如屬肝腎陰虛，宜滋補肝腎，可服杞菊地黃丸或石斛夜光

丸。如屬脾胃氣虛，宜補益脾胃，可服歸脾丸合參苓白朮散。如屬心腎不交，宜交通心腎，可服磁朱丸。一旦白內障已發展至成熟期，嚴重影響視力時，便須與醫生商議手術治療的可能。

防患未然，平常應注意適當休息，避免眼睛過勞。不宜過久看書寫字，或長時間注視電子屏幕，更不應在太光或太暗的情況下閱讀。

飲食上應注意維他命吸收，並減少微量元素過多及血脂過高的飲食。宜多食用胡蘿蔔、綠葉蔬菜及動物肝臟，以獲得足夠的維他命A；多食豆、穀類、酵母發酵品、瘦肉等，以獲得足夠的維他命B；可多食魚、蝦、奶、蛋以補充維他命E、鋅等。少食油膩及高膽固醇類食物。

此外，要忌食辛辣，忌煙、禁酒。患者應保持心情平和，不急不躁，避免憂思悲泣。市面上充斥養殖的黑杞子，護眼效果成疑，如須找野生黑杞子，可電郵小董查詢。

急性青光眼

青光眼害苦了不少人，年輕的、年老的也有機會發病。它是一種因眼壓過高造成視神經萎縮，導致視野缺損，甚至最終失明的眼科疾病。

以家族成員曾患有青光眼、四十歲或以上、深近視、患有糖尿病或高血壓及偏頭痛、長期使用類固醇藥者為高危人士。

急性充血性青光眼發病急，有劇烈眼痛和偏頭痛或全頭痛，視力急驟下降，噁心甚至嘔吐。看燈光或月亮時有一紅彩圈，患眼充血發紅，角膜失去正常的透明性和光澤，變成混濁和發霧。

一般發作數日可緩解，但視力已受影響，如反覆發作，可致完全失明。因此對急性青光眼發作，必須採取積極搶救措施，甚至爭分奪秒，千萬不能耽誤。

小董用中醫治法有顯著效果，採用瀉肝火，滋陰，降逆之方劑，能把眼壓控制下來。

慢性青光眼下文再詳談，先給你們預防及保健的藥膳：

海魚小豆菊花湯：海魚一條、赤小豆四十克；小雛菊、蔥花、黃酒、鹽各適量。洗淨海魚，加赤小豆，入鍋同煮，至魚熟湯濃，加蔥花、小雛菊、黃酒、鹽調味，喝湯食魚，每日兩次，每次一小碗。每星期一次。

「急性青光眼」保健藥膳

海魚小豆菊花湯：海魚一條、赤小豆四十克；小雛菊、蔥花、黃酒、鹽各適量。洗淨海魚，加赤小豆，入鍋同煮，至魚熟湯濃，加蔥花、小雛菊、黃酒、鹽調味，喝湯食魚，每日兩次，每次一小碗。每星期一次。

慢性及原發性青光眼

上文談過急性青光眼令不少人陷於失明的邊緣，今天說說慢性青光眼及原發性青光眼的問題，相信更多人受此病症苦惱半輩子，其實中醫能有效控制。

慢性青光眼發病緩慢，症狀不劇烈，眼壓雖比正常人偏高，但只要有足夠休息和睡眠後，往往又得到緩解，所以不少病人常把它當作一種年老、體弱和疲勞後的正常現象。青光眼只要能早期診斷，合理治療，是可以治癒的。

功效：清熱疏肝，滋陰養血，補肝腎。

做法：柴胡十二克、夏枯草二十克、白芍十五克、薄荷九克（後下）、石決明三十克（先煎）、當歸六克、法夏十克、枸杞子十五克（可用黑杞子六克後下代替）、淮山十五克、菟絲子十二克、玉竹十二克、車前子十二克、生牡蠣三十克（先煎）。

這方劑在小董臨床多年經驗均十分有效，願分享。如欲購買野生黑杞子，可電郵小董查詢，皆因市面上早已充斥假貨、劣質貨及種植品，均無效用。

原發性青光眼發病因陰虛陽亢，氣血失和，神水停滯，瞳神散大。

功效：平肝清熱，利水縮瞳。

做法：夏枯草三十克、香附十克、當歸九克、白芍二十克、川芎五克、熟地十五克、珍珠母二十五克（先煎）、澤瀉十五克、車前草二十克、烏梅十五克、檳榔六克、荷葉二十克、雛菊花十五克、甘草三克、琥珀（沖服）兩克。以水煎服，每日一劑，日服兩次。

「慢性青光眼」治療方劑

柴胡十二克、夏枯草二十克、白芍十五克、薄荷九克（後下）、石決明三十克（先煎）、當歸六克、法夏十克、枸杞子十五克（可用黑杞子六克後下代替）、淮山十五克、菟絲子十二克、玉竹十二克、車前子十二克、生牡蠣三十克（先煎）。

「原發性青光眼」治療方劑

夏枯草三十克、香附十克、當歸九克、白芍二十克、川芎五克、熟地十五克、珍珠母二十五克（先煎）、澤瀉十五克、車前草二十克、烏梅十五克、檳榔六克、荷葉二十克、雛菊花十五克、甘草三克、琥珀（沖服）兩克。以水煎服，每日一劑，日服兩次。

治理轉季不適

轉季，是氣管敏感及風燥咳嗽的時候，求診的人數不少，許多風燥咳嗽的患者初起時以乾咳為主，但錯誤使用食療和中成藥，使病情惡化，進展成為濃痰咳嗽，有綠色痰液，這是因為風燥等同乾燥，缺津液！

咽喉氣管被秋風吹得乾燥，會出現咽癢癢、鼻痕痕，乾咳，卻不知哪裏弄來不對症的陳皮、黑糖薑茶，皆屬熱品，燥上加火，變成了火熱症狀，故熱咳了！痰稠甚至咽喉也灼痛！

風燥咳嗽可用蜜糖治理，自家用南杏仁二十克、北杏仁十二克、雪梨乾五十克、蜜棗一粒、天花粉十五克、枇杷葉十五克，川貝十二

克，四碗半水煲四十分鐘，隔渣後把這湯液放涼至室溫，加入適量蜜糖可飲用，每天兩碗，咳嗽拜拜了！

然後是咽乾、眼又乾出現，市面上出現黑杞子搶購熱潮，取其補肝益腎、明目滋陰之效，但小董就試過從不同途徑買了一些價格便宜的貨，泡了一次之後顏色便褪去了，且不論放在酸性或鹼性水中，顏色皆是一樣，肯定是染色品！其滲出來的紫藍色假得不能再假！還是「黑鑽杞子茶」出品較安心！每日一個黑杞子茶包，加入一匙蜜糖，能讓眼睛恢復濕潤，乾眼症就連倪匡大師也好了！如找不到可電郵小董！別吃染色品喲！

「風燥咳嗽」治療方劑

南杏仁二十克、北杏仁十二克、雪梨乾五十克、蜜棗一粒、天花粉十五克、枇杷葉十五克，川貝十二克，四碗半水煲四十分鐘，隔渣後把這湯液放涼至室溫，加入適量蜜糖可飲用，每天兩碗。

轉季止咳妙法

經常收到讀者電郵問及如何處理某幾種藥材的正確方法，現在這裏分享。

轉天氣，咳嗽不止時最宜煲「南北杏川貝湯」和「鱷魚肉湯」，取其止咳化痰潤肺之功效，但是你們經常弄錯了南杏、北杏的多與少！北杏有小毒，故份量不宜多！以四人份，煲起共八碗的湯來計算，北杏用二十克最好，它的「小毒」只要煲得足夠時間便會被祛掉，即最少六十分鐘。南杏就無毒，故可多用一些，可以是北杏的雙倍，亦即四十克！

很多時候發現你們在加入南北杏時落得太少，隨便抓一小把便算，這完全起不了效果，説實在一點，浪費了它們呢！藥膳湯水做得

合宜、適當，對全家人均有益處！不要把整顆的南、北杏拋到湯去，試試用上攪拌機，加少許水，三秒鐘便能把杏仁打碎，連汁帶渣的倒入湯去煲，清香的杏仁味散出，功效也隨之增加！

鱺魚肉多是養殖的，「野生」的定義可圈可點！牠們當然放在野外飼養，難道可以收到室內嗎？小董倒不相信有人會冒死往亞馬遜河一帶捕捉兇猛的鱺魚呢！養殖的效果跟野生的有出入，於是你們更加要正確處理，才能把其僅存的功效搾取！

還在用薑蔥汆水嗎？這辛辣性的薑蔥可以在你身體健康時怎麼吃也不怕，卻不建議你們在氣管受襲、咳喘不絕時火上添油啊！何不試試小董的「陳皮汆水法」？一來可辟除不必要的泥腥味，二來陳皮也有止咳化痰之功，相得益彰！還有，表面上有「格仔」如燒烤爐上鐵絲網般的所謂鱺魚肉勿買！是假肉壓出來的！你甚麼時候見過魚肉有魚鱗狀？龜肉有龜甲狀？做個聰明養生者！活出健康來！

潤喉有法

每年這季節、這時候，小董診所內充斥着「咽癢乾咳、喉嚨乾渴」的病人，體質較弱便感染了「風燥感冒」，整個上支氣管、咽喉部，甚至鼻孔內都乾涸得要命，連呼吸也感到不舒服，難受極了！小董教大家動手製「秋梨川貝枇杷蜜」，簡單快捷且功效一流，適合三歲至九十歲人士服用，預防及治療都可以，別再吃市面上的糖精了！

材料：正宗無璜川貝十五克、枇杷葉二十五克、雪梨乾四十五克、南杏二十克、北杏十克、桔梗六克、沙參八克、麥冬十二克、百合十二克、無花果三粒、野生蜜糖五百毫升。如經常有咽痛及患「慢性咽喉炎」者，可加板藍根五克。（市面上有太多假川貝，必須小心選擇，不要買「漂白川貝」，那是用琉璜熏過的，聞到一股酸味，川

貝的功效已經被破壞，要買象牙色的「原色川貝」，愈小粒的，功效愈好，但也愈貴，一般分為「平貝」，價錢每両介乎八十至一百二十元，功效一般；另一為「松貝」，顆粒形狀像「桃」，每両價錢為二百二十至三百八十元，功效良好，如真的不懂購買，可電郵給小董查詢。

做法：（一）把藥材洗淨後盡量剪碎，果仁和川貝打爛，注入四碗水，同煲四十五至六十分鐘，直到水液濃縮到約一百至一百二十毫升，隔渣取藥液備用。（每隔十五分鐘攪拌一下）（二）將蜜糖放置在大碗中，待藥液溫度下降至和暖時慢慢倒入蜜糖裏，輕輕攪拌直到藥液和蜜糖完全融為一體，放入冰箱保存。（保存期三十天）

服用：（預防用）每天一至兩次；治療用：每天三至四次，每次兩茶匙，開水飲或徐徐咽下，能潤肺止咳，化痰生津。秋季更適用。

「潤喉」方劑

正宗無璜川貝十五克、枇杷葉二十五克、雪梨乾四十五克、南杏二十克、北杏十克、桔梗六克、沙參八克、麥冬十二克、百合十二克、無花果三粒、野生蜜糖五百毫升。

「松貝」止咳

全城咳聲此起彼落之際，更多新病人致電預約求醫，他們抱怨中、西醫覆診三五七次，咳嗽依然，藥物似乎不奏效！一個解釋可能令你們嘩然——一般川貝的功效已近乎零。

不單是因為在栽種過程施放的農藥，還有漂白用的琉璜，不瞞你說，就連小董十多年專業買手揀貨經驗，也敵不過他們造假手段，試過不下一次買回來的是麵粉，還加了不知名的化學原料，令川貝硬度更似樣，這種偽川貝，在廣州中藥市場充斥着，一公斤才賣一百元人民幣，一両計才只是港幣七塊八毫錢的成本，然後以一百塊一両出售，超級的利潤能令買家動容！故此，小董自從兩年前開始，便棄用川貝治療咳嗽，要不便用正宗的「松貝」，雖然價格較高，一両的售

價達二百多塊錢，但真有止咳化痰之功，另一選擇可用蘇子加桔梗再配僵蠶，貪其不大值錢，商人不屑造假，懂得配合使用，能有速效鎮咳！

小董治咳嗽的功力是經過十多年鑽研，願分享咳嗽方劑如下，治理風寒感冒的痰多質稠的頻咳：桔梗十二克、杏仁十二克、蘇子十五克、法半夏十二克、全瓜屢十五克、陳皮十五克、僵蠶八克、炙枇杷葉十五克、白果八克、北芪二十克、防風九克、白朮十二克，五碗水煲四十五分鐘，翻煲，日服兩碗，連服五天有顯效！

「咳嗽」治療方劑

桔梗十二克、杏仁十二克、蘇子十五克、法半夏十二克、全瓜蔞十五克、陳皮十五克、僵蠶八克、炙枇杷葉十五克、白果八克、北芪二十克、防風九克、白朮十二克，五碗水煲四十五分鐘，翻煲，日服兩碗，連服五天。

增強肺功能防新沙士

許多病人和朋友紛紛致電有關「中東呼吸綜合症」的問題，這個病已不只影響南韓的民眾，而是全球人都應該關心，皆因這冠狀病毒的傳播速度及傳染性頗大，感染者生存機會受到嚴重威脅。小董跟幾位中、西醫教授商討後，從中醫角度看，這一場瘟疫之戰難打，最佳戰略還是以防守及保護重要渠城為要，即以強化肺部功能及衞生防護措施作前線勇兵！

病毒感染先從上呼吸道開始，咳嗽，鼻涕、呼吸急促或困難，很大機會發展成肺炎，又或腸胃不適、嚴重者甚至可能出現腎衰竭等問題致生命危險。增強上呼吸道抵抗力是首要條件，小董給你們一方劑：太子參十五克、黃芪二十五克、大棗四枚、銀花十五克、野菊花九克、土茯苓十五克、山藥二十克，杞子十五克、甘草八克、靈芝九

克，六碗水煲一小時，剩約兩碗分兩天飲，連續服用十天，能達預防上呼吸道感染。

不喜歡吃苦茶的試煲一個藥膳湯水，老少咸宜：猴頭菇三十克、金蟲草十五克、鮮百合一個、靈芝十二克、花旗參九克、蘋果兩個、無花果兩粒、杞子二十克、淮山四十克，是四人的份量，加入適量肉類，十碗水煲九十分鐘。

曾經在〇三年沙士爆發時，有人建議用中藥材放進布袋去製成「藥囊」，說有消毒殺菌及預防疫症之效，小董不同意之極！如今惡菌劇兇，豈是飄揚而來的藥氣便能祛除？是侮辱智慧之事！口罩、消毒液和強身健體的維他命及藥膳湯才是實際！遠離人多之處！常洗手才屬智舉哩！祝君安康！

「強化肺部」治療方劑

（一）太子參十五克、黃芪二十五克、大棗四枚、銀花十五克、野菊花九克、土茯苓十五克、山藥二十克，杞子十五克、甘草八克、靈芝九克，六碗水煲一小時，剩約兩碗分兩天飲，連續服用十天。

（二）猴頭菇三十克、金蟲草十五克、鮮百合一個、靈芝十二克、花旗參九克、蘋果兩個、無花果兩粒、杞子二十克、淮山四十克，是四人的份量，加入適量肉類，十碗水煲九十分鐘。

蟲草補肺湯

以前，「肺結核」導致「肺纖維化」的病人在內地相當普遍，現在，也有不少香港人有此問題，每當轉天氣或氣溫驟降時，咳嗽大作，氣喘不停，日不能走，夜不能躺，有苦自己知！這是一種「內傷」咳嗽，中醫稱之「肺痿」。久病損肺所致，一般症狀包括：痰質黏稠、氣急喘促、口渴咽燥、消瘦、皮膚乾枯等。

小董炮製的「金蟲草補肺湯」有很好的改善功效：枇杷葉、北杏、北芪、麥冬、桔梗、無花果兩粒、百合、南杏、雪梨乾、沙參、玉竹、陳皮、漳州雪耳、象牙椰片、蟲草花各十二克，適量豬骨同煲約九十分鐘，一星期兩次，兩個月見效果！

近年時興煲「蛹蟲草」，又名「春蟲草」、「金蟲草」或「蟲草花」等，其實都是養殖蟲草菌絲的一種，皆因真正的冬蟲草不能以養殖方式存活。

市面上大包小包的蛹蟲草顏色不均等，有血紅色、深橙紅、鮮紅、鮮橙紅又或較淺淡的橙色，小董曾因不同顏色疑問走訪專門出產蛹蟲草的新會養殖場，最後得出驚人結果——不論是深橙色、血紅色或其他顏色鮮艷的貨品，大多是漂染而成，甚至採用我們熟悉而極其有害的「蘇丹紅」作染料，取其顏色鮮明充當上等貨。

事實上，這些漂染劑只要往暖水一浸便無所遁形，多浸洗兩、三次更完全脱色，最後剩下一條又一條像淡黃色的「橡筋」。姑勿論它

原來功效如何滋補潤肺，經此化學劑一番洗禮後，必然成頹垣敗瓦，藥用價值盡廢。

故此，選購蛹蟲草時，色呈淺橙紅、有蟲草香氣及粗身為上佳之品，或應購買養殖的「蟲草孢子頭」，取其止咳補肺功效，抗鼻敏感功效比蟲草花顯著。氣候潮濕時，天氣清涼且有時溫燥不定，上呼吸道染病機會高，其中尤以小兒及老人家為甚，每星期取十五克蟲草孢子頭，煲蜜棗及百合二十克，加二十五克北芪、杏仁十二克，可加適量瘦肉，有護肺及防上呼吸道感染之功效。另外，也可以用它來蒸魚、蒸雞，香味十足！顏色也漂亮！

「金蟲草補肺湯」

枇杷葉、北杏、北芪、麥冬、桔梗、無花果兩粒、百合、南杏、雪梨乾、沙參、玉竹、陳皮、漳州雪耳、象牙椰片、蟲草花各十二克，適量豬骨同煲約九十分鐘，一星期兩次，兩個月見效果。

「護肺」方劑

每星期取十五克蟲草孢子頭，煲蜜棗及百合二十克，加二十五克北芪、杏仁十二克，可加適量瘦肉，有護肺及防上呼吸道感染之功效。

第五章

骨關節篇

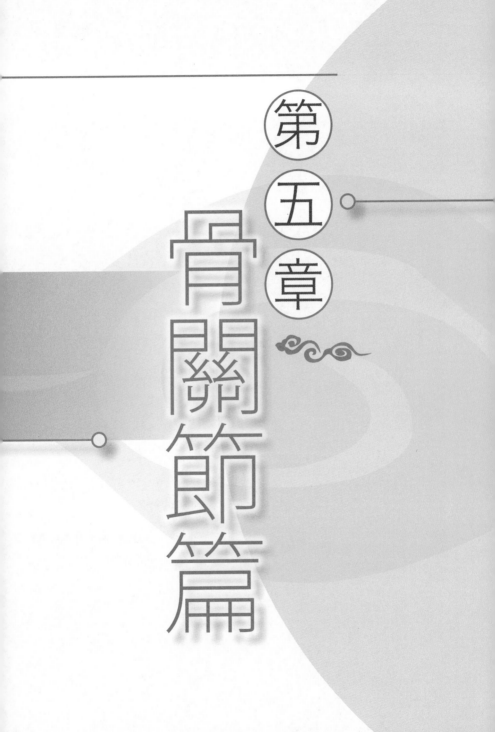

痛風

「痛風」即「尿酸升高」，近日接到許多電郵查詢，指潮濕寒冷氣候，小關節跟大關節都一起敲響，令痛風患者心情欠佳。嘌呤代謝紊亂與大吃大喝有關，還有一件重要的事要叮囑你們，由於血液裏的尿酸值長期升高，應多飲水，多飲「鹼性」的水是重點！鹼性可提高尿酸鹽的溶解度，增加尿量，促進尿酸排出，防止結石形成。適當飲水還可以降低血液黏度，對預防痛風合併症如心腦血管疾病，有一定好處。

甚麼是適當的飲水？是堅持每日飲一定量的水，但絕對不是平時不飲，臨時暴飲！中醫角度，有些體質濕邪很重的患者便表現得不想、不喜歡飲水，故尿酸積聚日深，關節疼痛致不能行動，小董見過

許多這類病人，不是他們不聽話，而是身體平衡出了問題，才沒意欲去飲水，只要運用健脾化濕的治法，便解決了問題之源！

另外，不要在飯前半小時內和飽食後立即飲大量的水，這樣會沖淡消化液和胃酸，影響消化功能。應在兩餐之間、晚上睡前九十分鐘、清晨起床之後和早餐之前飲水。痛風患者不能等有口渴時才飲水，因為口渴明顯是體內已處於缺水狀態，這時才飲水對促進尿酸排泄效果較差。

至於中醫藥治療尿酸高的成功案例太多，讀者來信中索取方劑也是指定動作，但由於近年發現不少痛風患者的體質欠佳，多伴有高血壓、糖尿病，故必須四診脈參才能開出適當藥物，對症治療。食療建議現分享如下：

（一）乾百合六十克，薏苡仁六十克，粳米五十克煮粥；

（二）川牛膝六克、正杭胎菊六克，用沸水沖泡焗十分鐘可飲，代茶頻飲，專治痛風伴血脂偏高的患者。

「痛風」治療方劑

（一）乾百合六十克，薏苡仁六十克，粳米五十克煮粥。

（二）川牛膝六克、正杭胎菊六克，用沸水沖泡焗十分鐘可飲，代茶頻飲，專治痛風伴血脂偏高的患者。

頸椎綜合症

昨天來了一位病人，剛好過了四十二歲生辰，作為事業有成的女強人，她散發出特有的氣質和幽幽的女人味，身邊圍了一大堆的追求者！

可是，坐在面前的她儼如打了敗仗，無精打采、垂頭喪氣。細問之下，得知她患了頗為嚴重的「頸椎綜合症」。除了頸椎弧度消失、軟組織退化、骨刺之外，椎間盤突出使之壓着了神經線，單側手臂麻痺加十分的疼痛，還伴隨頭暈、頭痛、頭脹、血壓不穩等情況，這個月來已休息了不知多少天，止痛藥和止暈丸的副作用令她整天茶飯不思地躺在沙發上，情緒開始陷入抑鬱狀態。骨科醫生建議再觀察一陣子，假如沒改善則必須下決心做手術，令她壓力加大，出現焦慮。

多年前小董曾為她治癒了腰痛（坐骨神經痛），故這趟也深信我能幫助她脫離苦海。檢查後，由於這條脊椎已發病多年，加上沒有好好治理及按時服用鈣片，退化的程度好像一副六十歲的骨骼，必須隔天針灸和手法推拿，中藥內服先放鬆頸部周圍僵硬緊張的肌肉，至於骨刺則需於肌肉緩解後，用特效外敷藥按時貼於患處，還要加上適量運動、忌食酸辣、糯米，才有機會改善病況。

小董知道不少都市人都患有不同程度的頸椎病，輕則頸緊膊痛，重則還會出現耳鳴、耳水不平衡似的天旋地轉，苦不堪言。

保健湯水：黃花膠一隻、鯊魚脊骨四十五克、五加皮十克、巴戟天十克、當歸六克，加適量肉類煲兩小時。一星期一次，如找不到正宗鯊魚脊骨可電郵小董。

「頸椎綜合症」治療方劑

黃花膠一隻、鯊魚脊骨四十五克、五加皮十克、巴戟天十克、當歸六克，加適量肉類煲兩小時。一星期一次。

按摩紓緩「腕管綜合症」

「腕管綜合症」成因是由於手部長時間活動或重複同一動作，令腕管出現慢性勞損、炎症及局部水腫，把在腕管經過的正中神經過度壓迫，出現麻痹、刺痛或灼痛等感覺，這疾病多見於家庭主婦或手工勞動者，例如打字員、裝修或紮鐵工人等。小董近年見病例多了在年輕人出現，這可能跟他們長時間用手機有很大關係。中醫範疇可將此概括為「風濕」、「痹症」，跟氣血不通、瘀血積聚關連。

腕管綜合症是以拇指、食指及中指同時出現麻痹為主，如果只是單一隻手指麻痹的話，最大可能是頸椎病引起的手指麻痹，防治方法也截然不同。

中醫治療腕管綜合症的方法分內、外手法，一般以外治手法為主，常用有針灸及推拿。針灸的穴位多是腕部及經絡循行的穴位，例如大陵、內關等，推拿則循手部的經絡按摩，然後在患處進行屈伸及點按，兩種方法都有疏通經絡、消炎止痛之效。

小董曾見過許多患者在不清楚情況下，長期使用「藥貼」或「按摩膏」，在「長貼長有」仍未見效下，再試用「辣椒」「捽」患處，使前手臂及手指出現灼傷，療上加痛，好不難受！

小董不建議這不科學的做法，假如只要增加血液循環的話，只須以熱水浸泡就行，如果徵狀不太嚴重或初起的話，大家可用以下簡單按摩方法自我保健：

首先用掌心或拇指在患側的前臂前後輕柔地按摩，目的使前臂的

肌肉得到放鬆和提高血流狀況，然後拇指在腕部緩慢地揉按，以輕微的痠痛感為度，時間大概十至十五分鐘，切忌過於用力，避免傷及神經線和肌肉，這樣能有舒經通絡、活血祛瘀的功效。

其次，注意腕部的休息，例如每工作兩小時休息五分鐘，伸展一下手腕或作旋轉運動，可減少手部長期勞動的負荷。若症狀已有一段時間，且麻痹感覺揮之不去，不但用針灸，還需加入中藥活血化瘀，祛風止痹才能真正把此病治好。如病情太嚴重，手術治療也許是最後出路！

「腕管綜合症」保健方法

首先用掌心或拇指在患側的前臂前後輕柔地按摩，目的使前臂的肌肉得到放鬆和提高血流狀況，然後拇指在腕部緩慢地揉按，以輕微的痠痛感為度，時間大概十至十五分鐘，切忌過於用力，避免傷及神經線和肌肉，這樣能有舒經通絡、活血祛瘀的功效。

彈弓指

讀者來函詢問有關「彈弓指」問題，曾求診西醫、骨科專科、物理治療等，最後更跑到「神醫」被放血，但情況更糟，半隻拇指呈瘀黑色，放血位置十分疼痛，以前屈指後尚可伸直，雖有彈弓障礙，但現況是連屈指也成困難。

放血治療適用於積有瘀血患處，又或有經絡阻塞，不通則痛的症狀，如：肩周炎、網球肘等，但並非每個身體部份均可採用這療法，必須考慮患處神經線及重要血管等分佈，更須注意，放血時沿用梅花針，會導致許多傷口，針孔雖小，細菌更微，慎防「金黃葡萄球菌」入侵，故此病人應考慮是否施法，否則弄巧成拙，或引起併發症！

治療彈弓指最難之處，是不同個案用上不同治療手法，當中以

彈拇指、彈尾指較難治療，皆因這兩指的活動機會較多且勞損程度也高！多數患者在無疼痛情況下，屈伸產生障礙。例如：屈曲了要費勁又或需他手扶助才能放直，或伸直時很困難才能屈曲，這些情況都與筋腱纖維損傷有關，罕有跟骨骼扯上。

另外，第二、三、四指有彈弓指的情況多出現在白領上班族，使用滑鼠、手寫筆和鍵盤等，都會引致小關節勞累過度而出問題，久而久之，便成為彈弓指。

小董採用外用藥浸手法及按摩推拿治癒彈弓指，成功率頗高，現公開外用秘方：伸筋草三十克、寬根藤三十克、青風藤三十克、海風藤三十克、威靈仙二十克、五加皮二十克、當歸二十五克、田七二十五克、秦艽二十五克、桑枝三十克、桃仁三十克、紅花二十五克，八碗水煲四十五分鐘，取藥液熱泡患指約三十分鐘。如可以的話，每天浸兩回，藥液每次用後可儲存冰箱內，重複使用三天才棄之。二十一天為一療程。

推拿術則以舒筋活絡為本，在患處以「打圓圈」的方式，適當地用力按摩，切忌用力過猛，損傷筋肌則傷上加傷！

「彈弓指」治療方劑

伸筋草三十克、寬根藤三十克、青風藤三十克、海風藤三十克、威靈仙二十克、五加皮二十克、當歸二十五克、田七二十五克、秦艽二十五克、桑枝三十克、桃仁三十克、紅花二十五克，八碗水煲四十五分鐘，取藥液熱泡患指約三十分鐘。如可以的話，每天浸兩回，藥液每次用後可儲存冰箱內，重複使用三天才棄之。二十一天為一療程。

祛風濕　療跌傷

「腰痛」不單是坐骨神經出問題，也未必是椎間盤突出、骨刺、退化等，當你做過那些X光檢查、磁力共振等發現並無上述病症時，便應考究是否因為外感、內傷或挫閃導致腰部氣血運行不暢，又或筋骨失養引起腰脊和附近肌肉酸痛不適等情況，在中醫內科學裏，這種「腰痛」是重要的一課。

當天氣出現強風、寒冷、下雨，即風、寒、濕之外邪乘虛侵襲人體，使經絡氣血運行不暢而腰痛發作，俗稱風濕發作！簡單一點用生薏米三十克、桂枝十二克、黃芪二十克、僵蟲六克，四碗半水煲約一小時，剩下兩碗日分兩次，連煲五天能祛風寒濕引起之腰痛。

體虛年老，先天不足，過度疲倦、久病、勞損皆可致腎精虧虛、腰府失養，主要出現腰酸痛兼雙膝無力，試試肝腎雙補的藥膳：鹿茸四克、龜板三十克、山萸肉九克、菟絲子九克、當歸十克、川芎十克、蜜棗兩枚、水魚一隻，同煲兩小時，飲湯食水魚肉，一星期煲兩次。

至於跌仆閃傷的話，緊記新傷，即剛傷一至兩天，應用「冷敷」患處，內服田七十二克、木瓜十二克、川斷十二克，四碗水煲四十五分鐘，剩兩碗日分兩次，連飲五天，有活血通絡之功。舊傷患即扭傷三天以上，需「熱敷」來舒筋通絡，內服同上。只要分清楚腰痛的成因，藥到便病除，何必受椎心之苦呢？

「風濕」治療方劑

生薏米三十克、桂枝十二克、黃芪二十克、僵蟲六克，四碗半水煲約一小時，剩下兩碗日分兩次，連煲五天能祛風寒濕引起之腰痛。

「肝腎雙補」藥膳

鹿茸四克、龜板三十克、山萸肉九克、菟絲子九克、當歸十克、川芎十克、蜜棗兩枚、水魚一隻，同煲兩小時，飲湯食水魚肉，一星期煲兩次。

「跌仆閃傷」治療方劑

田七十二克、木瓜十二克、川斷十二克，四碗水煲四十五分鐘，剩兩碗日分兩次，連飲五天，有活血通絡之功。

五十肩謬誤

許多人以為，活到五十歲，容易得到五十肩，更多人以為，肩膀痛就是五十肩，不全正確！西醫學名是「慢性沾黏性關節囊炎」，中醫統稱「肩周炎」。有人叫「冰凍肩」，肩關節發生沾黏，導致整個肩膀活動角度受限，且可能伴隨疼痛。關節沾黏分兩部份，一是「關節囊」萎縮，另一是「肌肉與肌腱」緊繃，內外加乘的結果，亦解釋了是因血瘀，血液循環欠佳之下，氣血不通，不通則痛的中醫理論。

嚴重時，可活動角度愈來愈小，影響日常生活，包括穿脫衣服、洗澡、梳頭吹髮、運動、甚至扭毛巾、開門，伸手拿東西等的小動作也受到煎熬！不少病人跟小董說：「不用治療的，等三個月便會自然

痊癒！」是有案例的！只是一百個案例中，也許只有一人獲幸運之神眷顧。

肩周炎多發生在中年女性，或肩關節曾受傷，因怕痛而不敢活動導致。研究指出，糖尿病、甲狀腺疾病、頸神經根病變、曾經接受心臟手術、乳癌手術、脊椎手術的人都有機會患上。「跌打」外敷僅能治理輕度情況的患者，必須加上正確的推拿及針灸技術，以及內服舒筋活絡、益氣養血的藥方，才能更有效、更徹底、更神速的把肩周炎擊退！

小董給你們一個外燙的方劑：川芎二十克、威靈仙十五克、細辛六克、當歸二十克、田七二十克、大黃二十克，全部稍為剪成小塊，隔水蒸二十分鐘，然後用手巾包裹這些藥材，在患處熱燙約十五分鐘，每日兩次。這藥包可重複使用十次，能減輕痛症！

「肩周炎」外敷方劑

川芎二十克、威靈仙十五克、細辛六克、當歸二十克、田七二十克、大黃二十克，全部稍為剪成小塊，隔水蒸二十分鐘，然後用手巾包裹這些藥材，在患處熱燙約十五分鐘，每日兩次。這藥包可重複使用十次，能減輕痛症！

痛症用藥

人，總有許多的「痛症」出現，在不同年紀、階段、部位，且原因不同，例如：擦傷、扭傷、抽筋、炎症、壓力等，都會令人體產生不同程度的疼痛感。市面上的止痛西藥種類很多，有些可能有以下副作用：作嘔反胃、便秘、胃痛腹瀉等，胡亂服用更有可能引致嚴重後果。

故此，近年小董發現不少人開始自己購買某些中草藥來「對付」痛症，卻又一知半解，未能達到預期效果，有見及此，本文介紹一下常見痛症的正確用藥：

頭　痛：感冒頭痛可用川芎十二克、白芷十二克、羌活十二克、防風十二克；內傷頭痛用原色天麻十二克、白朮十二

克、半夏十二克、當歸六克、桃仁九克、川紅花六克。

（如找不到原色無漂染天麻可電郵小董查詢）

肩頸痛：葛根三十克、羌活十二克、桑枝二十克、生薏米二十克。

胃　痛：急性胃炎可用陳皮十二克、連翹十二克、炒神曲十二克、黃蓮九克；慢性胃炎可用川楝子六克、黃芪十五克、桂枝九克、生薑二片、炙甘草九克。

肝膽痛：柴胡十二克、金錢草十二克、海金砂十二克、綿茵陳九克。

肚子痛：又稱「腸痛」。急性腸炎泄瀉可用積實九克、黃蓮九克、白朮十五克、神曲九克；慢性腹痛多因嗜冷飲至少

腹虛寒，故當用桂枝十二克、高良薑十克、炙甘草九克、大棗四枚。

腰痛：杜仲十二克、金狗脊十二克、威靈仙十二克、獨活十二克、海風滕二十克。

膝痛：牛膝十二克、製乳香五克、製沒藥五克、黃芪二十克。

經痛：玄胡索十二克、蒲黃九克、艾葉九克、田七六克、王不留行十克。

癌痛：鱉甲三十五克、夏枯草三十克、製沒藥六克、玄胡索十二克、炒五靈脂九克、香附子九克、紅花九克、桃仁九克。

這些湯方用水浸過藥面約一吋（兩至三厘米），煲約四十五分鐘，可翻煎，痛止便可停服。

上述方劑簡單安全且有顯效，盼讀者能善用！不要再胡亂服藥，不論中藥或西藥，錯服不當影響病情，受苦的是自己喲！

「感冒頭痛」治療方劑

川芎十二克、白芷十二克、羌活十二克、防風十二克。

「內傷頭痛」治療方劑

原色天麻十二克、白朮十二克、半夏十二克、當歸六克、桃仁九克、川紅花六克。

「肩頸痛」治療方劑

葛根三十克、羌活十二克、桑枝二十克、生薏米二十克。

「急性胃炎」治療方劑

陳皮十二克、連翹十二克、炒神曲十二克、黃蓮九克。

「慢性胃炎」治療方劑

川楝子六克、黃芪十五克、桂枝九克、生薑二片、炙甘草九克。

「肝膽痛」治療方劑

柴胡十二克、金錢草十二克、海金砂十二克、綿茵陳九克。

「急性腸炎」治療方劑

積實九克、黃蓮九克、白朮十五克、神曲九克。

「慢性腹痛」治療方劑

桂枝十二克、高良薑十克、炙甘草九克、大棗四枚。

「腰痛」治療方劑

杜仲十二克、金狗脊十二克、威靈仙十二克、獨活十二克、海風滕二十克。

「膝痛」治療方劑

牛膝十二克、製乳香五克、製沒藥五克、黃芪二十克。

「經痛」治療方劑

玄胡索十二克、蒲黃九克、艾葉九克、田七六克、王不留行十克。

「癌痛」治療方劑

鱉甲三十五克、夏枯草三十克、製沒藥六克、玄胡索十二克、炒五靈脂九克、香附子九克、紅花九克、桃仁九克。

第六章

皮膚篇

外敷內服治「坐板瘡」

屁股上長出一些如粟米、豆粒大之丘疹，時而出水、有痕癢感覺，偶有疼痛並會出膿，周圍皮膚為紅暈狀，分佈散，互不融合，蔓延不止。你可能已患上「坐板瘡」，這是一種皮膚炎症，多數在環境不潔、潮濕天氣的情況下發作，且病情反覆，許多人使用不同類型的消炎藥，好了不久但又再出現，臀部又癢又痛的滋味不好受，也不好講，日子久了，患處更開始硬化，令人擔心！

小董也容易患坐板瘡，且一發便不可收拾似的，想盡辦法要找出根源來！家裏乾淨得一塵不染、診所更是每天消毒兩次、所到之處均通爽涼快、連內褲也穿最透氣的上等純棉，可就是久不久便會長出這些可恨的小粒粒，雖然只需塗上自調製的「三黃外用膏」很快便消退，但絕不容坐以待斃！

終於找到謎底了！就是不能坐別人坐過的「廁所板」！縱然是到母親家，去家人的廁所也不能坐下去，只要一碰到任何人屁股碰過的板，赤裸裸地沾過，便百份百機會率發病！萬試萬靈！

每個人患坐板瘡的成因不同，久坐如辦公室工作人士、司機等因血液循環系統不通暢，因此堵塞。外頭的公用廁所乾淨與否有目共睹，但誰能「睹」見細菌？酒店放眼望去光鮮亮麗，但小董曾在網上親眼看過清潔工人如何取馬桶內的穢水抹廁板的情景！多麼嘔心！

中醫認為，病因是濕熱毒邪（細菌）蘊結皮膚，氣血凝滯而成，所以用藥會着重清熱解毒、利濕為主。假如你也有此煩惱，要找中醫師診治，皆因濕熱需以內服中藥祛除，必須對症下藥；外塗膏藥也不能缺少，「三黃外用膏」的份量因人而異，市面上未見這中成藥出售，故根據法例規定要由註冊中醫師處方及調配才有哩！

趕走雙「小狐仙」

腋下有「小狐仙」，即臭狐、體臭，是令人懊惱的事！不論是患者或身邊的「二手狐」吸入者皆不好受。此症屬中醫的「損容性疾病」，好發於青壯年，可恨的是女性患者居多，主要發生於腋下、乳暈、陰部及肛周處，其中又以腋窩的臭味最明顯。

一般輕症者僅在活動出汗時雙腋下散發出特殊的臭味，重症者甚至靜止時也可聞到異臭味，影響社交生活或引起尷尬場面。汗液多為淡黃色，亦可見綠、紅色，夏季明顯，冬季稍減輕。雙腋下不會有任何自覺症狀，不痛不癢。

除了用市面一般的激光、手術治療；塗抹一些含鋁或其他化學物質作治療或治標不治本，中醫對這方面的辨證施治早已有臨床實

證，把它分型成肝經濕熱及陰虛內熱，治以清肝利濕或養陰清熱斂汗為主。小董給你們一外洗方劑試試，可緩解輕症患者情況：荊芥三十克、藿香三十克、丁香十五克、黃蓮十五克、綿茵陳三十克、枯矾二十克，八碗水煲四十五分鐘，每日沖涼後取約四百毫升局部外洗腋下位置十至十五分鐘，洗後不要再過水，用乾淨毛巾擦乾便可，連用七天有顯著改善。

止汗劑多數含鋁鹽，聲稱能抑制汗腺分泌汗液，含量愈高，止汗效能愈佳，根據美國食品及藥物管理局的資料，鋯化合物可能導致人類皮膚生長肉芽腫，也有機會損害肺部；香體劑與止汗劑不同，分別在於前者不含鋁或鋯等止汗成份，故沒有抑制汗液分泌的功能，但會有添加香料、殺菌劑或乳化劑等以增加香味，但這些香料又可能會令部份人出現過敏情況！

動物測試中，高劑量的鋁屬神經毒物，到底與乳癌、柏金遜症或

阿茲海默症有沒有關係？眾研究結果有差異！最令人頭痛的是市場上有些產品聲稱止汗及香體，卻沒有清楚列出成份資料，消費者在使用過程中到底有沒有傷害到身體內臟，便需要在一段時間後才體會到，可惜太遲而無機會補救！

「體臭」外洗方劑

荊芥三十克、藿香三十克、丁香十五克、黃蓮十五克、綿茵陳三十克、枯矾二十克，八碗水煲四十五分鐘，每日沖涼後取約四百毫升局部外洗腋下位置十至十五分鐘，洗後不要再過水，用乾淨毛巾擦乾便可，連用七天有顯著改善。

唇風

已立秋，當天氣仍是反常地炎熱、大雨滂沱毫無秋意之際，小董突然想起每年秋冬之間，許多男女視嘴唇「爆拆」為一大煩惱，無論用上多少支潤唇膏似乎也不奏效！

有時候看見男士拿着一支細小的名牌唇油，每隔半小時便需「補妝」，很搞笑，但看仔細一點，他們的唇的確出了問題，紅腫、乾燥、龜裂、脫皮，不少人還在整個上下唇片周圍「多了一圈」，像是敏感或濕疹般，又癢又痛的，難受死了！

這在中醫學上正統病名謂：唇風！西醫稱為「剝脫性唇炎」。

唇風多見於青少年女性，並以下唇唇紅發病為主，上唇較少或較輕，分急、慢性期，前者表現為唇紅部位痕癢腫脹、疼痛如火燎灼熱，唇的顏色開始轉變，漸加深至暗紅色，並出現乾燥、皸裂、有滲出液、潰瘍和流血，嘴唇邊界不清。

反覆不癒的急性患者可演變成為慢性唇炎，口唇黏膜腫脹、肥厚（一孖潤腸樣）脫皮、灼痛等。成因是脾胃因過食煎炸、辛辣食品致濕熱內蘊，年輕人最愛時下的韓式燒烤、邊爐火鍋都屬火熱之品，其風火熱毒上攻於唇，市面上一般清熱解毒飲料又怎能祛掉如此火毒呢？

潤唇膏只是暫緩唇乾之用！風一吹、唇一吸便無影無蹤了，是

「表面功夫」！人體皮層最適合使用「芝麻油」，若然你現在還未進入發病期，小董建議每天臨睡前把兩滴芝麻油薄薄地塗在上下唇，先作秋燥抵達前的預防方法，如已經發病，不論進入急性或慢性期，視乎情況可由註冊醫師處方外用中藥膏，也可把這可惡的唇風袪掉！回復自然美麗的唇色，細膩柔軟、豐滿潤澤的櫻桃小嘴，指日可待！

白蝕

「白蝕」令許多女性自卑，甚至抑鬱，它等同西醫的「白癜風」，中醫稱為「白駁風」。

此病特點是皮膚邊界清楚、大小形狀各異、數目不定的白色斑點或斑塊，嚴重損害人體膚色均勻的美感。曾有病人把自己形容為「斑點狗」，她內心深處的苦澀滋味，旁人未必體會。

很多人常說：「白蝕邊可能有得醫呀！遺傳病來呀？」真的嗎？不用灰心！小董告訴你，在中醫病學上，它的病因是：氣血不和、肝腎陰虛、瘀血阻滯。詳細一點說，情志內傷也是重要的發病內因！遺傳傾向是有，但未必是單一原因，故只要循中醫學的四診脈參，找出

相對的真正病因，有一半的機會能治癒「白駁風」。

半年前一位二十七歲的女生求醫，面部及手臂呈一塊一塊的變白，患處連毛髮也變成銀白色，她述說：「我試過買一堆的粉底化妝品，把露出來的部份塗得一樣的膚色，太陽一曬，溶了！更可怖！且皮膚似乎受不了大量化學物質而導致敏感，出過一次嚴重紅疹後，我甚麼也不敢再塗，認命了！」

小董問診後，發現她的父母等均無此病歷，細問下知道她童年生活極不愉快，是情緒引發的病變，內服「疏肝解鬱」中藥，再加上調配的外用藥方，幾個月下來，她臉、頸項和手上的色素已恢復七成，重拾自信的她，展露漂亮的笑容！

假如你發現身上出現小範圍的「色素脱落、變白」，可試以下簡

單的中藥療法：何首烏三十克，三碗水煲半小時，每日取適量外搽患處，最佳效果是每隔三小時塗一次，一日三次，效果明顯！但也不忘找出問題根源啊！

「白蝕」治療方劑

何首烏三十克，三碗水煲半小時，每日取適量外搽患處，最佳效果是每隔三小時塗一次，一日三次，效果明顯。

脂溢性皮炎

許多人天生一副油油的皮膚，早上剛洗完頭下午便「油膩膩」；面部只要稍微有點動作，又出油！胸口前、背部或耳後，甚至肩胛、腋窩、會陰處也有此情況，導致痕癢、紅斑、紅疹或伴有油膩性鱗屑和結痂，自覺總是有一股味道散發出來，很不好受，這是「脂溢性皮炎」，中醫稱「白屑風」、「面游風」，病因多由風邪入侵毛孔、鬱久血燥致肌膚失養，患者平時食辛辣濃味食物，使胃腸濕熱而發生此慢性疾病。

女士注重儀表，常以為夏季時一天洗澡、洗頭三次便能解憂，這是治標不治本的方法，且會因長期接觸強力清潔劑，亦即化學物質而令皮膚在油脂分泌不減的情況下，更出現敏感、刺痛等狀況。真皮層

開始受損，嚴重時還會引起急性炎症，膿瘡，潰瘍皆見！

男生對油脂性皮炎更敏感，面上及頭皮可能都長滿瘡和痘，更多人誤以為這是青春期荷爾蒙失調的問題，出「暗瘡」了，吃千萬種藥物，塗過類固醇似乎控制了，卻不消兩星期，捲土重來！因為它們不是暗瘡！

小董告訴你們，血熱風燥、濕熱內蘊是脂溢性皮炎的根源，雖然它跟暗瘡類似，但中醫藥治療上卻有不同，單靠清熱解毒、利濕止癢不會奏效，市面上有太多潔面乳、潔膚液，你懂得看到底哪些才適合自己？無論你願意花多少錢買頂級的品牌，內含的成份肯定沒有把體質改變。故此，從今天開始，戒掉煎炸辛辣食品，夏天不吃火鍋、

燒烤，先由清淡一點開始，然後用以下方劑洗面：透骨草三十克、地膚子二十克、蒲公英二十克，六碗水煲半小時，剩下的用盛器放進雪櫃，每日取約一百毫升洗面，一星期後臉油拜拜！

「脂溢性皮炎」治療方劑

透骨草三十克、地膚子二十克、蒲公英二十克，六碗水煲半小時，剩下的用盛器放進雪櫃，每日取約一百毫升洗面，一星期見效。

主婦手有法

天氣轉變突然，加上乾燥，濕疹、皮膚炎及可惡的主婦手病案增多。

主婦手令許多家務事繁多的女士皺眉，手上長滿小小的水泡，又癢又痛，抓破了後，細菌感染，變得又紅又腫，十分礙眼，許多患者乾脆戴上膠手套，在悶熱侷促的情況下，愈弄愈嚴重。

最近一位十多歲的美少女求診，一雙又紅又腫，以及長滿小水泡的手掌害苦了她，小男友聽友人說這是「性病」的病徵，差點令美少女斷送小生命！

小董提供外用浸手方劑如下：綿茵陳三十克、黃柏三十克、苦參三十克、地膚子二十克、蛇床子二十克、赤芍三十克、丹皮二十克、白茅根二十克、萆薢三十克、土茯苓三十克、銀花四十克、連翹三十克、大青葉二十克，每日浸洗二十分鐘，十天為一療程功效顯著。

如主婦手已有十年八載病史，表皮破損嚴重，真皮層都已裂開且深，疼痛十分時，上方加入食用麻油二十滴，每天浸洗兩次，每次二十分鐘左右，能把裂開的破損修補，盡量用較低刺激性的洗潔精和清潔劑，十天療程相信也有頗大幫助。

處理水泡時，千萬別把它們弄破出水，此舉大大增加感染風險，現今「金黃葡萄球菌」肆虐，萬一不幸染上，輕則截肢，重則性命難保，故此，對於傷口處理，別掉以輕心。市面上的薄荷膏含樟腦成份，多用有害。

「主婦手」浸清方劑

綿茵陳三十克、黃柏三十克、苦參三十克、地膚子二十克、蛇床子二十克、赤芍三十克、丹皮二十克、白茅根二十克、萆薢三十克、土茯苓三十克、銀花四十克、連翹三十克、大青葉二十克，每日浸洗二十分鐘，十天為一療程功效顯著。病情嚴重者，可於上方加入食用麻油二十滴，每天浸洗兩次，每次二十分鐘左右。

跟疣目說拜拜

「扁平疣」即中醫的「扁瘊、疣目」，是一種常見的皮膚良性贅生物，長於頸面部、手足、背部及前臂，尤其是青年人特別多，形狀如米粒至黃豆大小不一扁平，稍高出皮膚表面的小粒子。

這些年許多求診者都對這礙眼的扁瘊感煩厭，皆因它不只單粒出現，而是以數粒至數十粒發生，且以女性為多，輕微痕癢，無其他症狀，就只是「不雅觀」，便令女性們恨之入骨，非要置它們於死地方能生存下去！對嗎？

先了解它的病因：包括風熱濕毒、肝鬱氣滯、肝虛血燥、脾肺氣虛。簡單一點解釋，即過度進食辛辣、燥熱煎炸之物；情緒不穩兼擔

憂思慮；經常「忟憎」及發脾氣，以及嗜冷凍食物等損傷脾胃、肝火內動、血瘀或痰濕凝聚而成。

「電死佢」或使用「冷凍治療」是其中一個方法，但假如你的日常生活習慣依舊不變的話，保證它們會再度出現，於是，女人腦交戰的基本情緒出現，到底應如何處理才能永遠跟它們說拜拜呢？

中醫在皮膚專科下分出一門中醫美容，小董一直以來不着重這「整靚靚」的分科上，皆因醫者該以保生命、除痛苦為座右銘，但經過這些年不難發現，女士們真的會為臉上的瑕疵而失落、焦慮不安，甚至抑鬱！

這時真的病了！為了預防事情發生，小董便努力鑽研一大堆內

外治療疣目的中藥方劑，並臨床使用了好一段時間，終於找到可靠的外洗方：大黃三十克、紅花十五克、三棱二十克、莪朮二十克、赤芍二十克、鬱金二十克、黃芪二十五克，用五百毫升甘油，浸泡一星期後取藥液塗於疣體，每日兩次，最少兩星期，疣體漸漸變小，若加上內服，則令體內回覆平衡，疣目從此不再纏繞！

「扁平疣」治療方劑

大黃三十克、紅花十五克、三棱二十克、莪朮二十克、赤芍二十克、鬱金二十克、黃芪二十五克，用五百毫升甘油，浸泡一星期後取藥液塗於疣體，每日兩次，最少兩星期。

疥癬蟲侵襲

上周剛收了一位新病人，五十二歲的獨居王女士，她一進診室，立即倒出一大堆藥物、藥膏，小董被嚇了一跳，這裏是一個人能吃上兩年的藥量！每袋都只吃過一半，「到底發生甚麼事？請詳細告知！」

王女士把頸部圍巾拉開，乖乖不得了，這哪裏是血肉之軀呢，面前的是「一棵樹」！粗糙、色深暗且佈滿皺紋和抓痕，加上血水，細問下得知她一年多前身體開始感到痕癢，部份多集中在四肢關節位、褲頭圈範圍和胸圍邊為主，由最初的稍癢發展到劇癢，嚴重到需要用熱水燙、鹽巴擦至破損等，徹夜難眠才稍微罷休！

家庭醫生說她患了濕疹，消炎藥、止癢藥吞下去未見好轉，朋友關心下也介紹過多位專科醫生，類固醇治療只稍微緩解而未能痊癒，中醫師看了一大堆，苦口良藥卻把她的心也涼了一截！有人告訴她患了皮膚癌了，呼天搶地哭了三日三夜，把屋子賣了，好不容易又熬過兩個月，錢到手便下決定不找西醫，從報章上認識了小董便來了。

花了半句鐘聽畢這段慘痛經歷，仔細檢查感染部位後，小董忍不住笑了一聲，然後說：「賣掉的房子能買回來嗎？」王女士被問得一頭霧水：「治重病要花錢！哪裏還有閒錢晃？就是害怕花光了還不能治好呢！」「把這些藥全掉光！給你開五天的外洗藥及內服中藥，照着辦，五天後你便會多麼後悔賣了自己的房子以及誤信他人患了絕症……」。

五天後王女士覆診，如小董所料，她大動肝火，把之前遇過的庸醫罵得不值一文。她到底是啥病？疥癬蟲侵襲！王女士心地善良，一有空閒便照顧露宿者，供吃的少不了，還會替他們洗衫，他們的衣服當然不會花錢到洗衣舖洗，順理成章就用上自家的洗衣機。露宿者在戶外很大機會染上疥癬蟲這高度傳染病，播種到王女士的洗衣機後，她自然成了下一位受害人。

其實在某程度上很難分辨疥癬蟲和濕疹，尤其是初期，故某些醫者或會忽視了！假如你身上的痕癢特徵跟上述相近的話，且提提你的醫生或醫師，不論中藥或西藥，只要對症下藥便可藥到病除，不必賣樓呢！

預防皮膚粗糙症

「皮膚粗糙」在中醫學上視為一病症。年紀愈大，皮膚漸失濡養而變得暗啞無光，甚至枯槁；或因在太陽底下暴曬令肌膚皮脂流失水份而致粗糙，除了必須及時塗上適當的潤膚霜來治標外，日常也應多飲藥膳湯水來滋潤臟腑，達到抗衰老及養生延年之功。

首先來自我診查，看看你在以下的問題中得分多少，每題一分，有此情況的即有一分，得到兩分或以上的便可能已出現其衰老現象，甚至患上了皮膚粗糙症：

一、皮膚出現皺裂多紋？二、手足部皮膚彈性減弱或消失？三、失去光澤及柔軟度、粗糙、龜裂或致皮損？四、出現「蛇皮」脫屑等

情況？五、痕癢？抓破流血？六、需要不斷補搽潤膚霜，但不到一小時便已全被吸收，皮膚又再繃緊？

中醫學解說此病之病因為：飲食失節、寒風所逼、血虛風燥、衰老或病後傷陰。隨着消費品日漸豐裕，市場上充斥不同品牌的馬油、椰子油等護膚系列，假如你早已通通試過卻不得其效的話，小董建議你一試咱們傳統的「凡士林」，俗稱「豬油膏」，一日三次不要害怕它的油膩，只有這種油厚才能鎖住你皮膚上僅有的水份，而不被秋風吹得更乾！

再加上以下湯水，一日三餐，連續飲十天，肌膚年輕十年（兩人份量約六碗）：沙參十五克、麥冬十五克、玉竹十二克、無花果兩粒、熟地十五克、當歸九克、淮山三十克、紅杞子二十克、石斛十

克（如不懂挑膠質重、無假草的天然石斛可電郵小董索取資料），加入冰鮮螺頭及豬肉適量。先煲豬肉一小時，之後才把其他材料全部加入再煲一小時，美味無窮！能滋陰養膚、潤燥養血！如家中有花膠的話，加入適量會更好！由今天開始，對自己好一點吧！

「皮膚粗糙症」治療方劑

沙參十五克、麥冬十五克、玉竹十二克、無花果兩粒、熟地十五克、當歸九克、淮山三十克、紅杞子二十克、石斛十克（如不懂挑膠質重、無假草的天然石斛可電郵小董索取資料），加入冰鮮螺頭及豬肉適量。先煲豬肉一小時，之後才把其他材料全部加入再煲一小時。

治奶癬

「奶癬」令新手媽媽煩惱又擔心！BB痕癢但不懂表達，只會「皺埋一注」，谷到臉紅紅然後喪喊，小手胡亂揮舞，或往自己的臉上亂抓，致血痕纍纍，教人心痛！

小董外甥「小諾諾」剛滿月，他媽媽坐月期間吃不少薑醋、薑飯等溫熱之品，然後人奶一餵，致「小諾諾」臉上長滿一大片奶癬，經常發忟憎，顯然是感到不適而常常大哭。小董用野菊花（緊記是野菊，而非黃菊、白菊或胎菊），份量十五至二十克，用三碗蒸餾水煲十五分鐘。隔渣後，用化妝棉沾滿菊花液，輕輕往患處印敷，約做十五至二十分鐘，不要清洗，只用紙巾輕輕印乾，塗上潤膚霜便可！日做三次，顯而見效！

諾諾連續外敷七天，現在已變得皮光肉滑，變成靚B了！如找不到正宗野菊花，可電郵小董索取購買地址！

「奶癬」治療方劑

用野菊花（緊記是野菊，而非黃菊、白菊或胎菊），份量十五至二十克，用三碗蒸餾水煲十五分鐘，隔渣後，用化妝棉沾滿菊花液，輕輕往患處印敷，約做十五至二十分鐘，不要清洗，只用紙巾輕輕印乾，塗上潤膚霜便可！日做三次，顯而見效！

灰甲偏方勿亂信

灰趾甲是許多女士的大敵人，男士也不見得會喜歡它，可是這甲癬類病菌不時出現，幾乎每人在一生中都會被侵略最少一次，侵蝕甲片，令趾甲失去光澤，增厚變灰，好不討厭！灰甲是慢性皮膚病，好發於成年人，病因是濕毒內結，小董常叮囑患者不要一沖完涼，腳板和腳趾還未完全乾透便趕緊把襪子穿上，這樣做濕氣會困在腳內，令癬菌繁殖，侵蝕爪甲，爪失血養！另外，剪甲時切忌剪得過深，皮膚損傷感染蟲癬也是常見因素！

坊間常流傳不同的「秘方」，小董這十年間收過百張不同的灰甲偏方，都離不開大蒜、洋葱、薑汁甚至韭菜亂混外敷，只對了一部份！還有用「滴蠟」、「香爐灰」、「童子尿」……朋友啊，現今

世代已跟古時不盡相同！醫療講求科學根據，縱然是中醫藥也被分析出有效成份含量，香爐灰有啥消炎殺菌效用呢？它的含菌量可能更恐怖，只會把灰甲變黑，立即變黑都得！得咗！玩完！最後把整塊甲片必須施手術拔掉，痛徹心扉！

正確處理灰甲方式，可由甲癬侵蝕程度來斷定，假如剛起不久，輕微變灰，可將整個大蒜搗爛，成蒜泥狀，用三百毫升白醋浸泡一星期，每日取液外敷患甲，連續敷藥十天，顯效！如灰色深且有痛感，盡量把患處增厚的甲片批薄，用以下中藥泡四百毫升白醋七天：梔子二十克、大黃二十克、大青葉二十克、苦參二十克、百部二十克、黃蓮十二克。

每日取藥液外敷，連續十天，灰甲拜拜！如讀者家中有老人家患灰甲，不妨電郵小董，找個方式幫忙！溫馨提示：灰甲癬菌乃微生

物，可以令傷口被金黃葡萄球菌入侵，後果嚴重，必須及早治療及預防！下次沖涼後，別忘記擦乾手指、腳趾的水啊！

「灰甲」治療方劑

用以下中藥泡四百毫升白醋七天：梔子二十克、大黃二十克、大青葉二十克、苦參二十克、百部二十克、黃蓮十二克。

灰甲跟甲溝炎

數月前曾經解說過「灰甲」的預防與治理方法，才知道原來患此症的人多不勝數。配了灰甲的外治藥，用了接近三個多月，這時候該是收成期了！他們陸續回來展示患趾或患指，笑容在他們臉上綻放，「今個夏天我終於可以穿涼鞋落街啦！」想不到幾隻灰趾甲能給老人家添上這種程度的不快！

然而，在診斷過程中，小董發現不少人患的是「甲溝炎」！在指甲周圍組織，包括兩側的旁甲溝和底部近側甲溝的化膿性感染，會有紅、腫、痛的症狀，一般來說多因刺傷、剪指甲，拔倒刺等損害引起，又或「倒甲」和鞋子太窄引致，但小董想分享給你們知：指甲周圍泛紅，不一定就是甲溝炎，某些自身免疫性疾病如牛皮癬、紅斑狼

瘡、全身性硬皮症及皮肌炎等，都會導致甲溝血管擴張而發紅。可怕且致命的惡性黑色素癌，也可能以頑固性甲溝炎症來作開幕！在眾多的求診者中，小董找到了一位不幸者，還有兩個紅斑狼瘡的小女孩，及早發現未必是壞事！

灰甲跟甲溝炎小董都用外治方法治理，取其直接治療患處，毫無副作用，雖然痊癒期較長時間，但痊癒率極高！指痛歸心，試試以下的外用藥水如何紓緩紅腫的趾甲：蒲公英二十克、紫花地丁二十克，梔子二十克、黃蓮二十克、黃栢三十克、黃芩二十克、大青葉二十克，水蓋過藥面高出一吋（兩至三厘米），浸十五分鐘，煲半小時，隔渣取液，必須存放冰箱，每日取十五至二十毫升，冷敷患處二十至三十分鐘，顯效！

老人家如嫌這太過麻煩，可預約註冊中醫師診斷，開出濃縮藥方，一沖即敷，比較方便！

「灰甲、甲溝炎」治療方劑

蒲公英二十克、紫花地丁二十克，梔子二十克、黃蓮二十克、黃栢三十克、黃芩二十克、大青葉二十克，水蓋過藥面高出一吋（兩至三厘米），浸十五分鐘，煲半小時，隔渣取液，必須存放冰箱，每日取十五至二十毫升，冷敷患處二十至三十分鐘，顯效！

香港腳浸洗方

這幾個星期除了濕疹病人直線上升外，就連「香港腳」的腳痕友也叫苦連天，令人困擾！除了臭味令人尷尬之外，極度痕癢才是有苦自己知！

有病人告訴小董，在癢不可耐時，用滴露直接淋往腳上，情願以痛苦來蓋過痕癢，可想而知劇癢折騰的程度實在是筆墨難以形容，這是真菌的惡作劇，甚麼藥膏也試過了嗎？還是會復發，還是不奏效吧？這真菌倒真頑強，不能再用一般的殺菌藥。

皆因天氣變得更潮濕，忽涼忽熱的，不但造就了它的滋生、滋養，而這些不穩定的外圍環境因素，加上香港人壓力何其大，使本身

免疫系統被挑戰，抵抗力下降，細菌不可收拾。

小董早陣子已寫過一服特效外用中藥浸洗方，以緩解和治理香港腳症狀，惟還是有許多讀者錯過了，再來一次，好好剪下收藏啊！假如你已抓得皮開肉爛，傷痕纍纍的話，最好先找醫師診斷。

地膚子十五克、蛇床子十五克、野菊花十五克、大青葉二十克、綿茵陳三十克、甘草十二克、苦參三十克、白茅根二十克、五倍子二十五克、丁香六克、百部三十克、黃柏二十五克、銀花三十五克、梔子二十克。用七碗水煲三十分鐘，剩下的湯藥一日分兩次外用浸洗雙足，每次浸十五至二十分鐘左右，連續用七天為一療程，顯效！

「香港腳」治療方劑

地膚子十五克、蛇床子十五克、野菊花十五克、大青葉二十克、綿茵陳三十克、甘草十二克、苦參三十克、白茅根二十克、五倍子二十五克、丁香六克、百部三十克、黃柏二十五克、銀花三十五克、梔子二十克。用七碗水煲三十分鐘，剩下的湯藥一日分兩次外用浸洗雙足，每次浸十五至二十分鐘左右，連續用七天為一療程，顯效！

鬼剃頭

很多人都非常注重自己的儀容，尤以頭髮脱落的問題最常關注。當發現頭髮突然一夜間以斑塊狀脱落，往往便走到藥店買些數百元一支的洗髮水，或到理髮中心做頭髮護理，但頭髮脱落的情況仍未有改善！

讀者電郵查詢中醫能否醫治「鬼剃頭」？他提及後尾枕一夜間突然成片頭髮脱落光光，面積約一蚊大小，他很擔心是否得到甚麼怪病，會否令頭髮繼續脱落，最後變成「禿頭族」。

另一位女讀者，同樣問及有關「鬼剃頭」的事情，她説在這個零售寒冬期，生意一落千丈，不知是否壓力太大，近左耳處先開始有脱

髮跡象，到現在已有三處脫髮情況，擔心若再不處理，無法治癒。

「鬼剃頭」西醫稱「斑禿」，中醫診斷為「油風」。其病徵是頭髮會突然成片脫落，能發生在任何年紀身上。通常都是無意間發現一片或多片的脫髮情況，呈圓形或不規則形狀，大小不一的。如不及早治理，脫髮位置及面積有機會繼續擴大及增加，甚至連眉毛、腋毛、陰毛也會脫落。如長期過度勞累、睡眠不足或受情緒刺激影響下，「鬼剃頭」好多時便會在此時發生。

中醫認為「油風」是因肝鬱氣滯與肝腎陰虛，復感外邪，影響氣血運行有關。肝鬱氣滯型的斑禿患者多見情緒緊張，或伴有抑鬱，或因偶然的情緒刺激，引致肝氣鬱結，氣滯血瘀，精血不能營養頭髮以

致頭髮脱落。或因肝鬱化火，火盛生風，風火上頭皮引致脱髮。

小董治理此病的時候，常採用養血、滋養肝腎的方法固本，配合祛風、行氣活血等改善氣血運行。另外在辨證時，要先了解脱髮發生的位置，因跟經絡循行有關的，並觀察患者頭皮的狀態以判斷邪正盛衰，對症下藥。針灸治療能疏通局部經絡，以促進氣血流通，同時可調補臟腑，如與中藥內服同治則效果更佳，並能預防復發。

抗「蛇」增免疫

「生蛇」聽個名似乎好恐怖，老人家更經常嚇人說生蛇纏腰，只要蛇頭跟蛇尾相遇，便會一命嗚呼！一百多年前沒有特效藥時，這「帶狀疱疹」在神經線上顛簸，日子久了沒有被控制好，情況漸漸嚴重，絕對有可能危害生命，但時至今日醫療進步，「生蛇」只需服特效藥，很快便可痊癒。

可是，許多患者卻有後遺症跟尾，在患處經常有隱痛，若然發生在頭面部時，也可以影響到視力和聽覺的問題。這時候，中醫藥便能發揮小宇宙了。

一、局部仍有隱痛

延胡索十二克、莪朮六克、紅花十二克、桃仁十克、當歸九

克、白芍十二克、白朮十五克、珍珠母三十克及制香附十二克。連服十天。

二、視力或聽覺減退

杞子十五克、龍膽草五克、夏枯草十二克、胎菊十二克、板藍根九克、松茸菇二十五克、龜板三十克、生地十二克及熟地十二克。連服十天。

三、患處仍有痕癢或水泡

黃蓮、黃芩及黃栢各三十克，水煲三十分鐘，以作外用洗劑。

上述湯劑應有收藏價值，皆因港人工作繁忙，虛勞累積，抵抗力差，生蛇愈來愈普遍！也可向西醫查詢有關「預防生蛇疫苗」的資料！

「生蛇」治療方劑

（一）局部隱痛：

延胡索十二克、莪朮六克、紅花十二克、桃仁十克、當歸九克、白芍十二克、白朮十五克、珍珠母三十克及制香附十二克。連服十天。

（二）視力或聽覺減退：

杞子十五克、龍膽草五克、夏枯草十二克、胎菊十二克、板藍根九克、松茸菇二十五克、龜板三十克、生地十二克及熟地十二克。連服十天。

（三）患處仍有痕癢或水泡：
黃蓮、黃芩及黃栢各三十克，水煲三十分鐘，以作外用洗劑。

第七章

腫瘤篇

秀麗婆婆抗癌記

「秀麗婆婆」八十二歲，名字改得跟她一樣清秀脱俗美麗！可以想像到她年輕時那種氣質！但她兩年前卻被乳癌選中，擇地而生，發現時已擴散至全身，西醫放棄治療。婆婆有六個很愛她的女兒，還記得第一次來看診時只有這六美人，獨欠主角，皆因她們想先了解治療方向，當然還需知道小董是否夠料，足以讓母親的生命放在我手上！

秀麗婆婆頭一趟坐在我跟前，有着十分負面的情緒，她不再相信任何醫生、醫學、醫藥，忿恨地吐出一句：「要死咪死囉！幾十歲人仲有咩日子要過？日日痛、晚晚痛，乳房周邊傷口流血含膿，去醫院洗傷口時又被人厭棄，日子唔好過呀！啲女乖又點？要走都要走

啦！」她不捨得，卻極無奈，故心理上不平衡，情緒也煩燥。乳房上的腫瘤足足有八厘米大，潰爛不堪，假如不是有無比的意志力，根本不可能活過每一天！小董明白了！她口不對心，是因為不想女兒們擔心！

既然沒有西藥，中藥必須包括扶正祛邪、抗癌止痛再加上消炎化膿。婆婆合作得令小董感動，她是真的為活着而戰鬥！足足兩年了！某位醫生曾預測她只有三至六個月命，但被我們解咒了！今天的秀麗婆婆笑容滿面，雖然還有疼痛，但已能控制，癌細胞沒有再活躍或擴散開去，小董十分願意公開婆婆其中一服抑癌方劑如下，願所有癌病患者都能正面、積極地去對戰！別放棄！

長白山野生靈芝八克、北芪二十克、舞茸八克、竹靈芝八克、生曬參八克、蛇舌草二十五克、夏枯草三十克、姬松茸十二克，八碗水

煲四十五分鐘，剩下的每天分兩次飲。適合所有癌症飲用，必須留意市面上不容易購買到長白山野生靈芝和竹靈芝，別讓奸商用便宜的養殖黑靈芝渾水摸魚而誤了效果，可電郵小董查詢正貨購買地點！

「癌症」治療方劑

長白山野生靈芝八克、北芪二十克、舞茸八克、竹靈芝八克、生曬參八克、蛇舌草二十五克、夏枯草三十克、姬松茸十二克，八碗水煲四十五分鐘，剩下的每天分兩次飲。

陳皮水止嘔

「秀麗婆婆」的抗癌文章自刊出後，收到超過二千封電郵，小董努力回覆！不難發現的是，實在太多癌症患者在世上不同角落偷生，且收到的信件中，許多都是由孝子孝女述說年紀老邁的父母罹患絕症，卻又因種種原因未能就醫，亦即西醫已經「放棄治療」。

這幾個星期，每天一有空閒便打開電郵，盡量回覆，但每每讀到你們字裏行間那些絕望的字句時，真想把你由信件抽出來，給你們一個大大的熊抱！無奈這是一種難治病，中醫就算多厲害，也只能利用世上僅存的「野生植物」，即靈芝、珍菌等抗癌，可是高樓大廈已經取代農地了，咱們能用上的資源還可耐多久呢？還是應該由防癌做起！

郵件中常提及，患者接受化療期間引起的不適之處理方法，即化學藥物引起的毒副作用，如胃腸道的不適，包括嘔吐、作悶、腹瀉等，幾乎每位化療時都會遇到的情況，西醫通常都會開出止嘔藥，但效果並不完全能抑止那些副作用。這時候，小董給你一個簡單療方，能有效減去胃腸部不適：正宗新會陳皮十二克、砂仁十二克（後下）、山藥三十五克、炒米十五克、綠茶葉二克（後下）、乾薑五克、茉莉花六克（後下）。煮法：用四碗水煲藥四十五分鐘，把所有「後下」的花葉等加入後煲一分鐘，關火後蓋上焗兩分鐘，一日間遇有惡心不適便喝兩口。

正宗新會陳皮買少見少，尤其是年份較久的更難找到，市面上販賣的多是一至兩年皮，也非新會所產，理氣健脾止嘔之功也遜色，

基本上要達到上述效果，建議使用五年至八年的新會陳皮，祛不祛「囊」不要緊，要是不知道在香港哪裏能找到正宗新會陳皮的話，歡迎電郵小董查詢。

「化療不適」治療方劑

正宗新會陳皮十二克、砂仁十二克（後下）、山藥三十五克、炒米十五克、綠茶葉二克（後下）、乾薑五克、茉莉花六克（後下）。煮法：用四碗水煲藥四十五分鐘，把所有「後下」的花葉等加入後煲一分鐘，關火後蓋上焗兩分鐘，一日間遇有惡心不適便喝兩口。

前列腺癌不可怕

三個多月前，男士「前列腺肥大、增生」一文刊出後，來了超過二百位患者，很是意外！當中接近一半人持之以恒，一百天來不間斷地服用小董為他對症的中藥，看着他們一天一天的改善，滴尿、脹痛、尿頻、小便不通、夜尿頻繁等症狀逐漸消失，原本皺着眉頭來的，現在都帶着喜悅的微笑！小董深深感受到那種優越、成功感！

自那些男生出現後，小董發現他們對前列腺肥大有一定的認識，可是對「前列腺癌」的認知卻頗低。當男性開始衰老，荷爾蒙分泌失調、低落時，前列腺便首當其衝出現問題。每年的體檢中，除利用超聲波測量它的變化外，還必須作血液檢查，同時看看「前列腺癌指

標」，即PSA有沒有超出界線，一般參考依據在四度以下，超過了便必須加以留心，必要時還應作「抽針」檢查，看看真有沒有癌細胞長成。

假如真的出現了癌細胞，對！是患上前列腺癌了！但不用害怕，這種癌症多數屬於較為緩慢發展的一種，小董治療過不少這類癌病患者，症狀不明顯，只要堅持服用「對症」的藥物，忌食辛辣刺激、化學添加物、醃製過的食品，便能輕易達到「與癌共存」的境界！

故此，別再自我診斷了，若是發現有尿路不暢、滴尿、尿速緩慢、少腹脹痛、尿頻難忍的情況，除了是肥大外，還有機會是PSA升高，正一步步向癌魔敬禮呢！及早預防和治療是中醫的特色！

中西合璧治婦癌

定期做身體檢查已成為生活一部份，但許多女性還未懂得做定期的「抹片檢查」，且認為只要現階段沒有性行為便不必作任何測試。需知道人體不等如機器，不用便「放埋一邊」？小董曾寫過「子宮頸細胞變異」，發現遲了變成癌症的病例有不少呢！

早陣子收了四位患上子宮內膜癌的病人，年齡介乎五十多歲，曾服用荷爾蒙藥三年或以上，並出現不尋常的陰道出血，這幾位女士每年均乖乖作抹片檢查，怎麼還會得子宮頸癌呢？

其實此抹片測試只在子宮頸附近，無法往上抹到子宮內膜，只針對子宮頸是否有癌化做篩檢，至於子宮內的情況，則必須作「陰道超

聲波」才能得知！

子宮內膜癌跟所有癌症一樣，近年漸趨年輕化，常見於五十歲以上更年期婦女，過度攝取動物性脂肪及蛋白質、晚婚、未曾懷孕、初次經期在十二歲前、遲停經等，都應作定期檢查。早期可利用先進的微創手術切除治療，遲了的話便很難控制。緊記，子宮異常出血為最明顯徵狀，並多數發生於絕經之後！

中醫治療子宮內膜癌主要為提高免疫力和抗癌能力，以維護身體內環境的穩定，達到祛邪扶正的作用。在化療、電療過程中，中醫藥扮演着「減毒增效」的重要角色。故小董多建議癌症病友採用中西結合治療來達到治癌、防癌的目標。

防。癌法

地球上的食物、空氣、土壤、水源被不斷污染、破壞，所有生命都受到細胞變異的威脅，「癌」的發生在未來半世紀可能被征服，但更大可能是……人類被它毀滅。七色防癌法有科學根據，取其高抗氧化效果來吞噬體內有害物「自由基」，達到防止癌症的發生。

紅色食物：番茄所含的茄紅素及硒，都具有強效抗氧化作用，能保護細胞膜。紅燈籠辣椒的辣椒紅素，具抗氧化功能。

紫色食物：紅紫蘇含紫蘇醛、花青素、維生素C及E，具強力除臭、殺菌、抗癌作用及有強大抗氧化作用。

綠色食物：綠色蔬果如菠菜、韭菜，都含有α及β-胡蘿蔔素、葉綠素，以及維生素C和E，它們具有抗氧化作用，能防止[VC1]細胞受傷害。

黃色食物：紅蘿蔔、南瓜，所含的α及β-胡蘿蔔素、葉綠素及葉黃素，都具有抗癌功效。

啡色食物：全麥麵粉製品含有硒、類黃酮、膳食纖維、維生素B及E，可防止細胞癌病變，膳食纖維則可促進腸道排毒。

黑色食物：昆布（海帶）含胡蘿蔔素，可破壞癌細胞，使其衰竭死亡。黑芝麻含花青素、芝麻素、芝麻木素含強大抗氧化作用，可防癌、抗癌，並能預防肝癌。

白色食物：白蘿蔔含異硫氫鹽和硫化氫，能使分解致癌物質的酵素活化，抑制癌症；洋蔥、大蒜含蒜素和硫化物，具抗氧化作用，能預防細胞癌化。

要攝取到七色食物的營養，建議一星期一至兩次，在每周的食材採購計劃上，將七種顏色的食物加入，除防癌外，還有效提高免疫力。

第八章

都市病保健篇

治「遊走性頭痛」

「頭痛」分多種，曾經寫過一篇「偏頭痛」，分享小董治好了自己嚴重偏頭痛的方劑，並收到數十封感謝電郵，說方劑收效！今天再跟大家談談「頭風」引起的頭痛，稱為「遊走性頭痛」。

風性遊走，假如你習慣入夜後才洗頭的話，不管有沒有用風筒吹乾，都會感受頭風，當它在你身體的經絡裏積聚到一定程度，頭痛的感覺便會出現，其痛性特點為不定處，即這一刻在左側巔頂痛，下一刻可能會痛在前額，第二天也許在太陽穴位附近，疼痛程度也不同，可以是微痛，也可以是大痛！

習慣使用止痛丸？不好喲！會對肝、腎臟造成傷害，於是，許

多人又聽聞「天麻」有用，但是，市面上的天麻又該怎樣挑選呢？小董提示：片裝的不挑白色，揀近似墨綠色的原色天麻，取一小疊聞一下，要是有酸味的便即用硫磺熏蒸過，不宜食用！

「長條一舊」樣子的是原隻天麻未經切割，挑「一點點」在表面多的是謂佳品，需要藥房替你們打碎或切片。還有一種真空包裝，「一大嚿」但顏色呈全白色的，不要買！是加工後的成品，效果不明！

方法：取九克天麻、僵蟲十克、防風十二克、吳茱萸六克、川芎十二克、地龍九克、升麻六克，兩碗水燉九十分鐘，分早、晚各一碗，連續服十天，頭風拜拜！

治「遊走性頭痛」

如找不到原色天麻（市面上多是熏過硫磺之品）可電郵小董索取購買資料。

「遊走性頭痛」治療方劑

取九克天麻、僵蟲十克、防風十二克、吳茱萸六克、川芎十二克、地龍九克、升麻六克，兩碗水燉九十分鐘，分早、晚各一碗，連續服十天。

認識幽門螺旋菌

都市人常罹患胃痛，成因可能是精神緊張或進食無度，但亦可能染上可惡的「幽門螺旋菌」，導致胃部慢性發炎，最終患上胃癌的機會升高。

幽門螺旋菌多數從食水、口水、煮不熟的食物等傳播有關，很多患者的家庭成員亦染此病。年紀愈大感染機會愈高，中老年人病發率較高。病發初期無明顯病徵，待其在胃部繁殖至一定數量，才會產生痛楚，導致多種胃病。

幽門螺旋桿菌感染與慢性胃炎、消化性潰瘍，以及癌前病變的形成、胃癌的發生有某種程度的關係，西醫主張用抗生素治療，當幽門螺旋菌被殺時，消化性潰瘍和胃癌的罹患率的確會降低；但同時間，

食道疾病（包括胃酸逆流和一種特別容易致命的食道癌）卻有激增的現象，有廣泛而充足的證據顯示，這些疾病的增加與幽門螺旋菌的消失有關。

中醫於治理幽門螺旋菌有更高明的方法。抗生素會同時傷害脾胃，導致「脾虛」，結果菌殺掉了，卻換來虛弱的脾胃，沒完沒了的胃部不適！其次，抗生素是把菌殺了，卻沒有解除生菌的源頭，幽門螺旋菌大有復發的可能。從中醫的角度看，幽門螺旋菌的出現是因為脾胃「濕」，所以患者的舌頭必有厚厚的舌苔。要治理之，當然要去濕，這樣幽門螺旋菌就會自動滅亡。

小董臨床處方以「半夏瀉心湯加減」有顯著效果，連續治療十周有根治及預防復發之功。

「火燒心」

甚麼是「火燒心」？假如你經常有胃氣、嗝氣，吐酸水、胃灼熱感或夜咳頻頻，很大可能是「胃酸倒流」，亦即「火燒心」，感覺似有一團熱火在上腹部升起，燒着了心臟，有時候甚至感到心跳加速、不規律、頭暈腦脹等。

近年胃酸問題纏擾不少都市人，小董也在早前曾經淺談此病症，收到過百封電郵查詢，於是再次述説一下八種情況引起胃酸逆流的可能性：

一、心口灼熱

從胃或下胸部至頸部有灼熱感，不要太擔心，與心臟病無關。

「火燒心」

二、吐酸水

噯氣時有酸液同時逆上，或伴隨已吞嚥了的食物。湧出厲害時或會衝入鼻咽致嗆咳。

三、咽喉異物感

好像有一粒小核一直吞不下去。

四、慢性咽炎

由於酸度很大的胃酸長期逆流侵蝕損傷所造成。

五、嗝氣、噯氣

一開始只有氣體噯出，病情加重時，胃酸和已經吞下肚子的食物也一併噯出。

六、氣喘

當這口胃酸嗆到支氣管，會導致支氣管痙攣，因而產生類似氣喘的症狀。

七、胸痛不適感

先要排除心臟病方面的可能性，以及釐定這痛點會否是胸骨骨膜炎症。

八、慢性咳嗽、聲音沙啞

這是很多醫者可能忽略的重點！假如你經常咳嗽，聲音沙啞，未必是體質虛弱而常患感冒，有機會因胃酸逆流至食道，以及進入呼吸道引起咽喉受刺激致長期咳嗽有痰，有些患者更因此出現喉嚨刺癢或隱隱作痛呢！

「火燒心」

試先用：烏賊骨五十克、陳皮二十克，入水五碗煲七十五分鐘，午、晚餐前飲一碗有顯效，能治初期症狀不重者！

「胃酸倒流」治療方劑

烏賊骨五十克、陳皮二十克，入水五碗煲七十五分鐘，午、晚餐前飲一碗有顯效，能治初期症狀不重者。

護肝你要知

提到「肝病」，便想到甲、乙、丙型肝炎，還有肝硬化及肝癌等難以痊癒之症。小董今天想談談「帶菌者」，即潛伏體內的「乙型肝炎帶菌者」的前路，該如何正確面對，以防肝臟纖維化，甚至演變成癌症。

肝臟沒有痛覺，故早期病變並不容易察覺，超聲波及血液檢查肝功能是主要的監測結果，若發現肝酵素異常，不幸成為「乙肝帶菌者」，警報已經大聲響起！別把這預報擱置不理，待上十年八載後發病了（乙肝帶菌者罹患肝癌高達五成，比肝硬化的機率更高！），眾人皆知肝癌的威力如何之大，確診後的生存期短，痛苦大，生存質量差，必須正視保養肝臟，否則後悔莫及！

凌晨一點至三點即丑時，血液運行至肝臟，如這時段繁忙的你還在打機、追劇，肝臟便不能得到足夠休息，長期「叉不足電」最後「電芯」便會報銷！故此，晚上十二點前進入睡眠狀態是乙肝帶菌者的一大關鍵！其他如適當運動、少吃肥膩、不煙不酒等對都市人來説都是廢話，小董便省了！

保肝湯水或茶飲是第二關鍵：有機洛神花茶、野生小黑木耳、長白山野生靈芝泡水代茶都能發揮高效保肝功能，對患者有極佳護肝作用！另外，「珍菌姜黃湯」是近年小董配出的一份黃金比例藥膳湯方，臨床上有效控制多位肝病患者的病情，願分享：松茸菇三十克、黑虎掌菇二十克、雲芝九克、舞茸菇十二克、反柄紫靈芝十五克、姜黃九克、蜜棗二粒，可加入適量肉類，十碗水煲七十五分鐘，約剩六

碗湯，分三天飲，早晚各一碗。保健者每兩星期一次，乙肝帶菌者每星期一次，肝病已發病則每星期兩次！（電郵小董可索取購買上述珍菌地點）

今天開始，愛錫你們的小肝肝！

「乙型肝炎」治療方劑

松茸菇三十克、黑虎掌菇二十克、雲芝九克、舞茸菇十二克、反柄紫靈芝十五克、姜黃九克、蜜棗二粒，可加入適量肉類，十碗水煲七十五分鐘，約剩六碗湯，分三天飲，早晚各一碗。保健者每兩星期一次，乙肝帶菌者每星期一次，肝病已發病則每星期兩次。

酒精傷肝

「肝酵素升高」有許多原因，酒精傷害屬其中之一。近年小董發現不只男生喜歡或工作需要喝酒，連女性也愛上杯中物，日本產的威士忌更是大熱，人類喜愛追求那種飄飄然的感覺，然而酒精便靜靜地在體內起革命，意圖蠶食你的肝臟，首先擾亂了肝酵素！

喝酒後酒精會在大約五至六分鐘便進入血液，血中「乙醇」濃度在半小時至兩小時內達到最高點，經過肝臟代謝作用成「乙醛」，再分解為「乙酸」，最後以二氧化碳及水的形態排出體外。酒喝得急，身體便沒有足夠時間來代謝乙醇，而乙醛正是引起血管擴張、臉紅、心跳加速、嘔吐的致癌禍首！

解酒方建議：

一、鮮榨甘蔗汁、西瓜汁、番茄汁含豐富天然果糖，可促進酒精代謝，且含有的維他命C有抗氧化並促進血液循環，加上含水量多，能加速酒精從尿液排出，對解酒有幫助。

二、喝酒前先服用維他命B及C，可以讓肝臟代謝功能提升。

三、長白山靈芝有保護肝臟的超級作用，加上其抗氧化功能，也可加速解酒的效果。取長白山靈芝八克，稍加切碎，洗乾淨後加入茶壺用沸水泡浸約十至十五分鐘，隨時可飲用。

四、葛花十克、麥芽十五克、赤小豆三十克、淡竹葉六克、霍香九克，四碗半水煲四十五分鐘剩下的一次喝掉。外出飲酒前先煲好，

飲酒後回家便把這解酒茶喝下，迅速酒醒！

長期飲酒對肝臟造成影響，假如暫且未能戒掉杯中物，必須學懂盡量保養、保護得當！還是適量地品酒，才有健康去享受人生！

「解酒」方劑

（一）長白山靈芝八克，稍加切碎，洗乾淨後加入茶壺用沸水泡浸約十至十五分鐘，隨時可飲用。

（二）葛花十克、麥芽十五克、赤小豆三十克、淡竹葉六克、霍香九克，四碗半水煲四十五分鐘剩下的一次喝掉。外出飲酒前先煲好，飲酒後回家便把這解酒茶喝下，迅速酒醒。

解救燥鬱症

家裏頭只要有一位成年人患上「燥鬱症」的話，就開始雞犬不寧的可怕生活……

忠仔，五十五歲，已婚，育有兩名分別二十及二十三歲的子女。一年多前因雞毛蒜皮的理由，被服務了十七年的公司辭退，此後性情大變，言語過多且喜怒無常，只要家中有任何一位成員不順其意，世界大戰便一觸即發，且不見血不收手！

忠仔是因為心裏感到被家人看不起而自卑，自尊心也受損，不開心的情緒鬱悶極透，兩種極端情緒擾亂他的心理狀況，形成難纏的燥鬱病，中醫解釋為：心肝火旺、肝氣鬱結、痰瘀內阻，抑鬱久了，鬱

久化熱，熱擾神明致精神錯亂，如此這般的抑鬱、躁狂的思想和行為交替出現。這是一種情緒病！

燥鬱症初期症狀「囉嗦」，合理的、無理的，通通都會重複演說，不時加入令人煩躁的身體語言。

忠仔的情況已到了較嚴重的地步，與太太和子女由口角爭執至動武，直到傷了人見血才罷休，這時便又出現抑鬱情緒，自責無能、內疚等可能痛哭又或會有自毀傾向，日子一拖，與家人關係決裂，病情加重。小董明白這些患者的問題，就是他們或她們都不懂面對自己的問題所在，很難踏出那一步向醫者求醫，對嗎？先試試以下方劑，療程十四天，看看有否改善吧！

蓮子芯十克、山梔子十克、珍珠母三十克（先煎）、鬱金十二克、柴胡十二克、天冬十五克、磁石三十克（先煎）、竹葉九克、麥冬十五克、焦三仙各十克，六碗水煲四十五分鐘，先煎的煲四十五分鐘，翻煲，日飲兩碗。忠仔情況已大大改善了！

「燥鬱症」治療方劑

蓮子芯十克、山梔子十克、珍珠母三十克（先煎）、鬱金十二克、柴胡十二克、天冬十五克、磁石三十克（先煎）、竹葉九克、麥冬十五克、焦三仙各十克，六碗水煲四十五分鐘，先煎的煲四十五分鐘，翻煲，日飲兩碗。

鬱。症

「鬱症」即「抑鬱病」。在秋意漸濃下，較易復發或誘發。由於經濟、家庭壓力等受挑戰，甚至生離死別、懷才不遇等各種病因，小董都遇過。情緒病用的精神科藥物或令患者顯得更疲倦，對身邊事提不起勁，令自我生存觀念及存在價值貶低，終致抑鬱更深，今天寫下這文章是對一位朋友的悼念，她對所有事情非常敏感，十年間不知吞下多少藥物，愈沉愈深，封閉社交，最終敵不過魔鬼，了結生命。

最近，小董發現一棵名「崖柏」的全天然植物，生長於海拔一千五百米以上的地區，屬國家保護植物，具不可再生性，十分稀有，因此被植物學家稱為植物中「活化石」。它擁有崖柏油，具珍貴

的藥用價值：安魂、定魂——《中華博物》內說：「柏木香味可以入藥，柏子可以安神補心。」可見柏木對人體健康有益，自然原生的材質，非常環保、健康，能明顯改善失眠多夢，其香味可提高血液含氧量，使人精神愉悅。

小董利用它替逾三十多名鬱病患者治療，聞其香氣、並可泡茶內服，意外收到極佳效果！藥典上列明崖柏還有抑癌、抗癌、防癌功效，如欲知道崖柏購買或更多資料，可電郵小董呢！

抑鬱症不單需倚靠藥物，重點是心病還需心藥醫！小董明白他們內心欲言又止的原因，就是因為出現自我孤立的情緒！假如突然有一天，你很想哭，積壓着的情感就要崩潰，可以試服下方：柴胡十二克、鬱金十克、夏枯草十二克、大棗三枚、菊花九克、杞子十二克，四碗水煲四十分鐘，一口氣喝掉，然後跟自己說：「有甚麼大不

了！」明天又有新希望！祝心情愉快！

「鬱症」治療方劑

柴胡十二克、鬱金十克、夏枯草十二克、大棗三枚、菊花九克、杞子十二克，四碗水煲四十分鐘。

病向淺中醫

「多位讀者來郵，想聽聽中醫對「糖尿病」的見解，小董知道這問題漸趨普遍，因這類患者全球統計已超出一億八千萬人，可怖，亦可恨！皆因此病只能控制，不可痊癒。

稟賦不足（先天不足或遺傳）、五臟虛弱、精神刺激、形體肥胖等與「消渴病」，亦即糖尿病的發生有密切關係。當中，又以「陰虛」的體質佔大多發病的內在因素，特別是脾、腎兩臟的虧損虛弱在消渴症的發病中起決定作用。典型症狀有：易於疲倦、視力下降、皮膚痕癢、傷口難合、體重漸下降等，空腹血糖異常，稍高，便需多加留心！一旦真的發現自己患上，也不必恐慌！只要能調節飲食（最困難哩！）、多作運動，適當服用藥物，便可控制得宜，不容易步入

「截肢」、「上眼」的嚴重後果。

這些年來，到診看小董的患者多不勝數，許多人信偏方，飲了不少「五青汁」，苦寒性的食物並非所有糖尿病患者的福音；相反，傷了底子，更難控制，於是由吃藥變成了打針，卻仍然堅信「五青」的奇妙，直教醫者搖頭歎息！

請你們別再胡亂吃喝了！病從口入！必須清楚自己的體質，並對症才可下中藥、服藥膳！中醫治消渴症自古已經有非凡之功，但需分型論治，而非「三條藥方走天涯」，消渴症分上、中、下消並加陰虛型、陽虛型、陰虛熱盛型等，何其複雜，不要誤信天下間的飲食書籍，皆因那些只是「某種病人」服了有效，更何況撰文者背景參差，害了人也情非得已！

糖尿病並不是甚麼絕症，只要覓得良醫，不論中西，皆能達良效！但萬萬不要自醫，即估計自己血糖已有改善，未與醫者商討便自行減藥或停藥，此乃大愚。

降。血糖過肥年

六

十八歲的鍾婆婆獨自前來小董的診所看病，甫坐下便急不及待地說：「足足三十年了！被折磨了這些年頭，到底有完沒完？自糖尿病那天開始，我被逼過着毫無人生樂趣的每一天，要偷偷摸摸的吃零食，要減鹽減糖，喝五青汁、古怪藥、甚麼都不由自主！我今天撇下了所有人來找你，是因為你把我幾位老朋友的血糖值由十四度降到七度，且西藥還減掉不少，兩年過去了也不見反彈，頗為穩定，眼見老友記們都笑逐顏開，正是我今年的願望和夢想！」

四診之後，不難發現婆婆是「上消」的陰虛證型，並不複雜！口乾咽乾，手掌心熱，顴骨位泛紅且脈象細數都是陰虛表現，須知道要特別細心辨別糖尿病的不同證型，稍一錯過了某一症狀便導致藥用不當！

縱然服藥降了血糖值也只是假象，不到一個月又反彈則令人氣餒。大小店舖都鋪天蓋地在賣糖年糕和蘿蔔糕等，如要完全放棄這些美食實在太不人道了吧？

小董用以下方藥給患者暫過肥年，是暫時性讓血糖稍降，過過口癮：葛根三十克、玄參二十五克、天花粉三十克，六碗水煲四十五分鐘，一日一次。

「降血糖」治療方劑

葛根三十克、玄參二十五克、天花粉三十克，六碗水煲四十五分鐘，一日一次。

揮走疲態

失眠或淺睡眠的人見得多，今天小董想跟大家談談「嗜睡」、「多眠」、「多臥」的問題。中醫稱為「多寐」，指一個人不分晝夜、時時欲睡，呼之即醒，但醒後又再睡的病徵。

一般來說，多見於年紀老邁或體弱多病的人，但近十年來，小董幾乎每日都遇到這樣的病人。經診斷後，除了工作壓力、繁忙所引致的心理問題外，原來是心神不振、陽氣虛衰、心神失榮！於是出現以下症狀，包括肢體沉重、胃口一般、精神不足、乏力氣虛，甚至面色萎黃或蒼白等，因感覺到「好攰、好眼瞓」，一回到家或在公司裏有機會休息就倒頭便睡。這不是辦法，因愈睡便愈想睡！

嗜睡不難治，中醫治理只需要燥濕健脾、活血通絡、益氣溫陽，

便可以從谷底翻身，揮走那疲態、趕走陰寒，平衡人體內陰陽，自會恢復狀態，好好享受春天的腳步，手腳溫暖起來更不用天天拖着厚厚的大褸，自覺輕身了，人也感覺開懷。

床？只是晚上十點以後的伴侶，晨早起來再不必賴床不走，輕鬆瀟脫自信也跟着回來了！快坐言起行：一隻白雞、黃芪三十克、太極人參八克、淮山三十克、杞子二十五克、小鹿尾巴九克，同煲兩小時，一星期兩次，連服一個月，症狀明顯改善，但如已有抑鬱的心理問題伴嗜睡，請找中醫師診斷！

「多寐」治療方劑

一隻白雞、黃芪三十克、太極人參八克、淮山三十克、杞子二十五克、小鹿尾巴九克，同煲兩小時，一星期兩次，連服一個月。

少吃鹹減腎石

「腎石」是許多人的隱形疾病，非到一天發現已從腎臟跌到輸尿管中、不上不落而引發起劇烈腰痛，才知道自己原來一直帶石在身。

西方醫術治療方法是用激光把它打碎，好讓它能被排出，中醫方面則可試「利尿軟堅排石」的中藥材。

然而，甚麼時候該用哪種方案，往往令患者混亂。其實，當腎石在輸尿管造成阻塞便會發生炎症，甚至出現排尿困難、排尿障礙又或血尿情況，腰痛多在患側出現，痛伴冷汗淋漓，這時候已是急性表現，該立即到醫院作適當治理，免得病情惡化傷及腎臟。

若是在身體檢查時發現石仔存在，在沒有任何症狀下便該找中醫，試試用中藥把這石仔排出，效果令人滿意。

生活上多飲清水，少吃過鹹的食物，便會減少生腎石的機會！小董以前喜歡濃味食物，但因早年急性尿道阻塞，致痛不欲生，從此以後，鹽就是我的敵人！石仔再也沒有出現過了！

防痔瘡復發食療

痔瘡這種肛門常見病，許多患者會因怕尷尬而不尋醫，暗地裏受着疼痛所折磨，直至流血不止或痛至昏厥才肯就醫，這絕對不是正確處理痔瘡的態度，皆因肛門周圍細菌多，感染機會大，容易引起併發症。痔瘡的中醫病因：飲食不節、勞累過度、情志因素、遺傳因素、妊娠因素、習慣性便秘、感染因素、房事過度、臟腑虛弱、氣虛下陷等。不肯看醫生的你，試試用藥膳調理吧！

人參黃芪補氣湯（二人份量）

功效：補氣升提

適用：氣虛、經常勞倦懶言的外痔患者

做法：花旗參十五克、黃芪二十五克、炒白朮十五克、瘦肉二百克，同煮九十分鐘。

芡實荷葉苦瓜粥（二人份量）

功效：清熱解毒消腫

適用：嗜食燥熱，致痔瘡腫熱疼痛的患者

做法：芡實三十克、荷葉三十五克、苦瓜一個、米適量，煲成粥。

糖醋煮鱔

材料：鱔片適量、白糖、黑醋適量同煮至熟

宜吃：赤小豆、槐花、黑芝麻、竹筍、捲心菜、紅蘿蔔、綠豆、韭菜、菠菜、薯仔、油麥菜、蜂蜜、蘋果、葡萄、香蕉、士多啤梨、西瓜、人參及黃芪等。

忌吃：烈酒、濃茶、咖啡、蒜、辣椒、洋蔥、芥末等刺激性食物。油炸火熱品應當遠之。

「痔瘡」治療方劑

人參黃芪補氣湯（二人份量）

功效：補氣升提

適用：氣虛、經常勞倦懶言的外痔患者

做法：花旗參十五克、黃芪二十五克、炒白朮十五克、瘦肉二百克，同煮九十分鐘。

芡實荷葉苦瓜粥（二人份量）

功效：清熱解毒消腫

適用：嗜食燥熱，致痔瘡腫熱疼痛的患者

做法：芡實三十克、荷葉三十五克、苦瓜一個、米適量，煲成粥。

糖醋煮鱔

材料：鱔片適量、白糖、黑醋適量同煮至熟。

甲亢煩惱

「甲亢」即「甲狀腺功能亢進症」，跟小董早前寫過的「單純性甲狀腺囊腫」有分別。前者甲狀腺激素（T3、T4、TSH）分泌過多，後者則未見這些激素出現異常。「甲亢」可在任何年齡出現，但五歲以前較為少見，高峰期約二十至四十歲的青壯年，女性多於男性，與中醫學上的「癭病」、「肝鬱」、「肝火」等病有關，而引起甲亢的病因包括：精神創傷，長期處於悲傷、鬱結、盛怒，都市人生活就是為餬口而生，精神壓力逼得喘不過氣，久而久之成為習慣，連何時曾開懷地大笑也忘記了！

小董見過不少甲亢病人，用「苦瓜乾」形容最貼切不過！大部份都是受情緒影響病情，其中以「痛失摯親」或「失婚」尤其明顯，這

情況應以心理治療為主，藥物控制為輔。

可是，專業心理治療收費高昂，病人想到費用便又卻步了，「忐忑」、「掙扎」下又加重心理負擔，令病情惡化。久而久之，便出現脾氣暴躁、失控，然後影響社交，甚至家庭關係，簡單的「內分泌失調」演變成焦慮、心悸、失眠、擔憂，繼發成抑鬱症。

患者經常問到同一問題：甲亢可以完全康復、治好而不再復發嗎？小董答：能控制，但不敢肯定永遠不復發，因情志不穩、勞倦過度、飲食不節也是誘因！

我在內地大醫院當實習醫師時，有幸認識當地治療甲亢的權威賀教授，小董願分享秘方，看看能否幫上大忙：黃藥子六克、柴胡十五克、梔子十二克、丹皮十二克、川楝子九克、龍膽草九克、珍珠母

三十五克（先煎）、薄荷十克（後下），先用三碗水煲珍珠母四十五分鐘，加入其他藥材，另外三碗水再煲四十五分鐘，最後加入薄荷葉再多煲三分鐘即可，不要翻煎，日飲一碗，連服十天，甲亢症狀緩解！

「甲亢」治療方劑

黃藥子六克、柴胡十五克、梔子十二克、丹皮十二克、川楝子九克、龍膽草九克、珍珠母三十五克（先煎）、薄荷十克（後下），先用三碗水煲珍珠母四十五分鐘，加入其他藥材，另外三碗水再煲四十五分鐘，最後加入薄荷葉再多煲三分鐘即可，不要翻煎，日飲一碗，連服十天。

甲狀腺亢進

新年進步！身體健康！龍馬精神！終於有四天假期，回覆讀者電郵！

再談甲狀腺問題，皆因不少患上「甲狀腺亢進」的人對此病還是一知半解，就連問問題也錯了方向！患甲亢的病人愈來愈多，小董以一個病例來解說：陳小姐，三十四歲，無長期病患史也不煙不酒，近一個月手震，寒冷天氣容易出汗，胃口好、體重卻下降五磅，男朋友發現她的脾氣變得很差，並且出現焦慮、不安，心跳加速影響夜半睡眠。血檢中，甲狀腺素出現異常現象，確診「甲亢」。醫生開出甲狀腺藥物，療程一般十二至十八個月，因人而異，然而復發率約三至五成，很多患者得知服藥仍有機會發作，便灰心了，其他選擇還有「放射性碘治療」，俗稱「飲碘水」，能夠摧毀所有功能的甲狀腺腺體組織，或選擇外科手術切除甲狀腺體，一聽便害怕了吧？

採用中藥治療甲亢是近年患者多會選用的方案，然而，許多人誤解，以為只要認真服用一段時間，如一至兩個月便可以停止，這不正確！小董不會用「治療」這字眼，而以「控制」來調節患者甲狀腺素平衡為依據。對的！起初兩個月把人體內陰陽失調的問題解決，然後把有的症狀如心悸、焦慮、手震、失眠等舒緩，待一切都回復穩定狀態後，該慢慢地把中藥量減少，然後連服食的次數也減少，直到找到一個「最佳點」，如一星期服用兩天，每天只需服用一次。

自上次寫甲狀腺亢進症以來已近一年，這段期間不少甲亢患者慕名而來，有持之以恒的早已控制得妥妥貼貼，不論你是決定用西藥、中藥還是中西合醫，治療慢性病終歸需要一些恒心與耐性！「甲退」患者亦然！切忌胡亂服用偏方，弄巧反拙哩！

勿輕視藍色蜘蛛網

小腿出現沉重、痠痛，皮膚上呈現暗紅、瘀藍色類似蜘蛛網的紋路時，不要輕視，可能是「靜脈曲張」的開始。

這小蜘蛛網會漸漸變得愈來愈粗，範圍也愈來愈闊，腫脹甚至隆起，凹凸不平如小隧道藏在皮層下，繼而結節、硬塊，疼痛加劇並引起腿部不同程度的水腫、發炎甚至出血等不良症狀。成因是久站、久坐或長時間處於同一姿勢使血液循環阻礙，中醫稱為「血瘀」，不通則痛，故形成痠痛及積聚。

西醫解釋，當皮膚表層靜脈中的血液回流不良，積壓在腿部，日子久了，這些血液破壞靜脈瓣膜，引起靜脈中的壓力過高，變成扭曲狀靜脈。

近年不少靜脈曲張的求醫者，以女性居多，皆因女生的肌肉不及男生強壯，她們都試過穿「壓力襪」但未見起色，也許是因為病情已經拖得太久，致形成的瘀血積聚堅牢不移，除了中醫的外敷、內服外，可考慮射頻治療、脈衝光及手術治療等。

中醫藥方面，外敷、外塗的局部治療比內服快，由於必須考慮患者的靜脈阻礙程度，才能開出適量的活血化瘀止痛藥，故建議患者盡快找中醫師治療及處理，日子久了便成為難治病，影響日常生活及行動，不值得喲！

「口臭」是自己的事，卻令周遭的人受苦。小董最近聘請了一位私人助理，負責處理所有瑣碎事務，數天後發現其他同事沒有跟她正常的交流，找來一位管理階層詢問：「為甚麼你們冷落了新同事？」她有點不好意思地答：「她的口氣很重，我們都有點受不了，只要跟她近距離對話一分鐘，便感受到那難聞的氣味，『酸酸宿宿』，實在不知道怎樣開口告訴她，很尷尬啊！」

那天下午，小董把助理叫來，有意地把咱們倆的距離縮短，果然聞到那股濃烈的口氣，便誠懇地以醫者身份跟她說：「你近日腸胃不佳，熬夜眠差嗎？」她瞪大眼睛問：「你怎麼知道？最近便便不正常，三、五天也沒廁所去，吃了一大盤蔬菜也無便意，只入不出，暗瘡都長出來了，而且姐姐從英國回來，一同睡一張單人床，有些不習慣，夜夜失眠……」

這種情況見不少，若然再加上煙酒過多，嗜吃辛辣的話，損傷脾胃更甚，首先便會出現口臭、便秘、瘡癰等濕毒內蘊的狀況，小董給你們一偏方試試改善脾胃運化，每日兩杯，連續服十天，無臭不催：馬齒莧三十克、土茯苓二十克、白朮九克，熟薏米十五克、淮山三十克、山楂十二克、六碗水煲四十分鐘剩兩杯，和暖溫度後加入適量蜜糖。

「健脾益胃」治療方劑

馬齒莧三十克、土茯苓二十克、白朮九克，熟薏米十五克、淮山三十克、山楂十二克、六碗水煲四十分鐘剩兩杯，和暖溫度後加入適量蜜糖。

解救鐵線髮質

最近天氣，一天似四季，溫差很大，患感冒的人都投訴稍一疏忽，一是凍到、一是焗壞！一位四十多歲的女病人到診，差不多三年未見，她戴上冷帽，身上卻穿短袖上衣，沒外套，診所溫度約十九度，戶外二十五度，她說了一句好久不見，便把帽子脱掉，小董被眼前的情景嚇了一跳，本來一把長長烏黑柔潤的秀髮，到底經歷甚麼巨變，這一束乾枯的鐵線，滲着不少白髮、灰髮、頭頂還有稀薄脱髮後光光的小洞、大洞，總而言之，是病入膏肓的髮質。

她苦笑說：「嚇人吧？三年前移居靠近沙漠的城市，氣候乾燥，皮膚都炸開了，為保護一把長髮，每天把它紮起來，先套上浴帽，再來頂着大帽子才去上班，可惜還是敵不過，市面上的護髮產品都用盡了，無計可施下，回來找你。」

內外因素皆可影響質改變，以這位病人為例，改變生活環境，令情緒波動；氣候變異使身體不適，未必能短時間作出調節；皮膚黏膜被乾燥熏壞，不論是身體還是頭皮，出現毛囊發炎、皮膚乾燥，痕癢、疼痛發作，抓破血流，皮層傷上加傷。已長出來的頭髮變成鐵線般，未長出來的被頭皮炎症制止，久了，會一塊一塊地稀少或禿掉！頭髮整天被埋在黑暗無光的小空間，不再生也不要長，甚至變白老去。

香港近年氣候改變，生活環境受污染！社會問題也令人心煩氣躁！髮絲可能已悄悄離你而去，假如還長時間紮頭髮、戴帽，也許情況更壞！小董有一個頭髮養生外用方，如敷面膜，洗頭後外敷：旱蓮草、何首烏、當歸、杏仁、川芎、黑芝麻、熟地、黃精各二十克，水蓋過藥面高一吋（兩至三厘米）煲四十分鐘，隔渣取液搽到頭髮上及按摩頭皮，留四十五分鐘後用清水洗掉，比「焗油」更有效，如加入

五克紅參片更能使白髮變黑！一星期最少一次。如覺得「水滴滴」不方便，可由註冊中醫開出的濃縮中藥用來打粉，用雞蛋白和蜂蜜伴成糊狀後敷上頭髮，同樣留四十五分鐘後洗去，效果更佳！小董一頭健康濃密光亮的秀髮，便是如此保養！

「養髮」外敷方劑

旱蓮草、何首烏、當歸、杏仁、川芎、黑芝麻、熟地、黃精各二十克，水蓋過藥面高一寸煲四十分鐘，隔渣取液搽到頭髮上及按摩頭皮，留四十五分鐘後用清水洗掉，比「焗油」更有效，如加入五克紅參片更能使白髮變黑！一星期最少一次。如覺得「水滴滴」不方便，可由註冊中醫開出的濃縮中藥用來打粉，用雞蛋白和蜂蜜伴成糊狀後敷上頭髮，同樣留四十五分鐘後洗去，效果更佳！

「癲狂病」的治療方法

早陣子收了一位四十九歲的女病人，她有齊了更年期婦女遇到的所有症狀，包括：失眠、煩躁、抑鬱、潮熱、盜汗、心悸等，但這些她都能忍受（不明白為何要苦苦忍受而不求醫！），而「驚恐」的症狀卻令她生不如死，且看看麥女士的形容：

「每天早上太陽升起便感到那份莫名的害怕感覺，煎雞蛋怕被油濺傷，更擔心雞蛋有激素引起疾病；返工在車廂內聽到別人咳嗽及打噴嚏便怕細菌感染，怕的程度不單要戴上口罩，甚至會屏住呼吸直到幾乎窒息；公司裏人來人往就更驚，不知是否自己聽不到上司呼喚，又或忘記開會，於是精神緊張加倍，人一多便呼吸困難，頭暈目眩；下班後回家了卻害怕自己當天的工作有否錯失，明天會否被召痛罵一頓，想到這裏便更害怕，哭喪了！」

她因過度擔心病情而發展成焦慮症，甚至跌入了中醫所謂的「癲狂病」之臨界線，必須以中藥調理荷爾蒙分泌，使更年期症狀緩解為先，小董再用針灸放鬆她身體每寸肌肉，加上「音樂治療」，每星期三次來到診所，聽着特備的悠揚音樂加上大自然的雀仔叫聲，每次約四十五分鐘，發現這綜合治療比單純用中藥的治癒率高得多，且病人的情緒更快恢復正常，驚恐、焦慮、煩躁、抑鬱通通在三個多星期後逐漸消失，連失眠也改善了！

其實，女性天生就是感性動物，身體出現變化比男生更是敏感，故生、老、病、死等無謂思想繼而產生，導致荷爾蒙失調的苦，加上「血清素」失控，正正等於中醫形容的「痰阻、瘀血」的不良物質阻礙經絡，身體表現更多的不正常現象！

中醫已在多年前採用「音樂治療」，並非新事物，現時國內亦有不少教授級的醫師用於不同病症上，包括癌症病人，有緩解癌痛及化療等引起不適的效果呢！

為當歸平反

近兩個月來，往返診所心情特別沉重，皆因不知為何有那麼多的癌症病人，年齡階層也愈見年輕化，三十歲腦癌、三十五歲子宮頸癌、乳癌、胃癌……

每天翻閱患者的報告中，擴散、長大、癌指數升高，面對病者家人那種希望，小董雖然有壓力，但是還有無限的共同戰鬥力，甚麼化療、電療的副作用，盡力用上最佳的中藥撫平、補足、抵擋；然而，近年發現「花生衣」對提升血小板的作用無效，早陣子跟恩師談及這問題時，他也有同感。他分析：「極有可能是因為花生的需求大，人類以基因改造方法培植飽滿優質的花生，基因改造令其本身天然的成份以至珍貴的療效失去……」好不可惜！

在處方給癌症患者時，一見「當歸」這藥，大家便很緊張，擔心它有激素會激活癌細胞，使其增長，小董必須靠《頭條日報》讀者為當歸大平反！到底當歸是否含雌激素呢？癌症患者不可服用的傳言是真的嗎？

中國醫學科學院藥物研究所、北京協和醫科大學及日本大正製藥廠等科研證明，當歸含主要四種成份，但沒有一種跟激素有關！懂了嗎？簡單說，當歸不含雌激素，且更重要的是，植物雌激素至今還沒有證據顯示它們有致癌作用！

而且，當歸在多項實驗中，均顯示能夠增加腎臟的血流量，減少腎臟纖維化，更能有效改善腎功能，在緩解化療副作用時扮演極重要的角色！

今天你們學懂了正確、正面的醫學知識，盼讀者們能告訴身邊的好友、家人，不要盲目聽信不專業的謠言，小董不止一次與當歸「同歸於盡」，病人一見藥方中有當歸，便斷定我是庸醫，不通世情、不懂藥理，拋下一句：「乜你唔知生癌唔食得當歸咩？」便怒氣沖天地走了！是申冤翻案的時候了！

涼補氣血

放射治療（電療）是惡性腫瘤綜合治療的重要方法之一，目的是希望最大限度地把腫瘤縮小或消滅，同時盡量保護正常組織和臟器。

放療副作用的程度與照射點大小、照射部位及每次照射量有關。人體整個造血系統受放射治療照射後，血小板和白細胞受影響而下降，紅細胞也減少而出現貧血。補氣養血時，必須照顧到因放射治療中熱毒過盛所引起之熱象，故放療跟化療骨髓反應的中醫處理不同，此時宜以「涼補氣血」為治則。

以下方劑則對大部份放、化療患者的血球提升有效：

黃芪三十克、生地十二克、麥冬十五克、沙參十二克、丹參十二克、阿膠珠十五克、生曬參八克、杞子十五克、旱蓮草十二克、熟地十二克、白朮十五克、雞血藤二十克（市面上不容易找到阿膠珠和生曬參，如有需要可電郵小董索取購買地點）。

放療是人體受輻射線照射後，會引起一連串全身虛弱反應包括：頭暈目眩、食慾不振、心悸心慌、腰腿乏力痠軟、氣短、疲倦、失眠等症狀，是氣血損傷、肝腎虧虛之症，治宜大補氣血、補益肝腎、固本培元，可煲：

杞子十五克、生曬參十二克、黃精二十克、龍眼肉十二克、生薑兩片、正西藏野生靈芝六克、麥冬十五克、炙黃芪三十克、紅棗八枚、阿膠珠十二克、山藥二十五克、野生石斛八克、無激素雞一隻，

煲成六至八碗，每日飲兩碗，直至副作用症狀消失。

「放射治療」調保方劑

（一）黃芪三十克、生地十二克、麥冬十五克、沙參十二克、丹參十二克、阿膠珠十五克、生曬參八克、杞子十五克、旱蓮草十二克、熟地十二克、白朮十五克、雞血藤二十克（市面上不容易找到阿膠珠和生曬參，如有需要可電郵小董索取購買地點）。

（二）杞子十五克、生曬參十二克、黃精二十克、龍眼肉十二克、生薑兩片、正西藏野生靈芝六克、麥冬十五克、炙黃芪三十克、紅棗八枚、阿膠珠十二克、山藥二十五克、野生石斛八克、無激素雞一隻，煲成六至八碗，每日飲兩碗，直至副作用症狀消失。

「疫症」方劑

一般市民怎會懂得怎麼分辨H7N9或H3N2呢？只會知道自己患上了感冒咳嗽又或是「大感冒」，當流行性感冒肆虐之時，如果沿用一般外感用的中藥則肯定未能奏效，皆因嚴重一點來說，這是「疫症」！

高度及高速傳染，必須與病菌比賽，看誰的力量強便能被抑制！小董公開以下方劑，是近一個月每天也用上好幾十次的感冒藥，能止咳化膿痰，收鼻涕，袪咽痛、身痛：白芥子十二克、板藍根十二克、大青葉十二克、僵蠶九克、防風十二克、地龍八克、銀花十五克、蒲公英十五克、前胡十二克、竹茹十二克、貫眾十克、蘇子十二克、萊服子十二克、羌活九克、辛荑花十克、炒蒼耳子九克，八碗水煲四十分鐘，不翻煲，剩兩碗，日飲兩次。

忌口：煎炸辛辣之品，甜品、餅乾，可多飲蜜糖水、日服五百毫克維他命C、藥丸等輔助。

水果方面：奇異果首選，生冷之品少吃為妙！

小董希望宣揚各位帶菌者記緊帶口罩，不要讓香港比日本、韓國更顯得不文明！真的不希望再有人死於「感冒」！

「感冒」方劑

白芥子十二克、板藍根十二克、大青葉十二克、僵蠶九克、防風十二克、地龍八克、銀花十五克、蒲公英十五克、前胡十二克、竹茹十二克、貫眾十克、蘇子十二克、萊服子十二克、羌活九克、辛荑花十克、炒蒼耳子九克，八碗水煲四十分鐘，不翻煲，剩兩碗，日飲兩次。

免疫系統自己打自己

「重症肌無力」是神經肌肉系統疾病，會引致肌肉顫動、軟弱和易疲勞而出現不自覺的無力症狀，此病並非受細菌感染，而是免疫系統紊亂問題，即是自己打自己。

此病阻止體內抗體循環，阻礙在後神經肌的接合點，使神經遞質傳送停止，阻礙了對肌肉的刺激。看到這裡，有些複雜吧。其實簡單一點解釋，肌肉未能收到正確訊息，故未能作出正常運動。

此病分五類，由眼肌、肢體肌肉、呼吸系統肌肉等被影響的因素作分辨，最差可能需要插喉才能維持呼吸、生命。

甚麼人會有機會患上呢？還在研究中，很討厭吧。連預防的方向

也沒有，只知道抗生素、抗風濕藥、心血管藥、鎮靜劑等皆會影響此病的發生，且兒童到老人都有機會患上此症。

西醫會用類固醇、手術等治療，中醫則對此病有詳細紀錄，分脾胃氣虛、脾胃陽虛、肝腎陰虛、氣血兩虛之症型。對症下藥能使患者藥到病除，可惜在香港，並非所有患者能在絕望前能得悉中醫藥的奧妙，往往延緩了「治療黃金期」，須知晚期的重症肌無力症實在是所有醫者和患者的噩夢。

「人參」用得恰到好處是此症的福音，一般來說，初期出現眼肌下垂，病者體質還未虧虛嚴重，可取「生曬參」十克，六碗水煎一小時，一日一劑分三碗飲，連服二十天能改善。當肢體肌肉受影響時則必須以滋補肝腎為主，益氣養血為次，選用的藥材較為複雜，必須向註冊中醫師求診，切勿胡亂服藥。

解救鉛毒

人類對於健康、養生、美容的意識愈來愈重視，亦即代表如今的食物、水源、空氣、細菌、病毒等的污染也愈來愈強！

近日我們的食水「鉛毒」事件可能只是冰山一角，老實說，小董家住新型大廈，是由出名的發展商興建，樓齡只有兩年，但每天早上刷牙時開水喉，也見到那些黑色的小點從水龍頭處冒出來，曾經投訴多次卻從來沒有人跟進，可能在不知不覺間也中了重金屬的毒！可惡！也可怕！

中了重金屬的毒該如何緩解呢？這是一種由於鉛的累計吸收而導致的非傳染慢性疾病，會持續影響兒童行為及認知功能，嚴重影響健康和學習，其表現為易怒、食慾不振、性格改變、腹絞痛等，且血鉛

很容易升高到100ug/dL以上，這時會出現顱內壓上升，引起嘔吐、知覺改變、痙攣等。成年人若中鉛毒，血鉛濃度為50-60ug/dL，出現腎衰竭、肝衰竭、反應遲鈍、神經系統病徵、痛風等。

鉛中毒跟接觸工業用料有關：船舶維修、燒焊、油漆、陶瓷繪料、含鉛玻璃、醫藥等，生產過程中，鉛以粉塵或煙塵兩種形態污染空氣或水源，可以尿液或血液檢查診察此症。

鉛毒根據不同情況採用鎮靜劑、維生素B1、B6、B12、加蘭他敏、螯合劑等治療。

市面上許多抗氧化產品能提高機體功能清除體內毒素，如：綠茶（身體虛寒、手冰腳凍、面色蒼白人士忌食）、黑蒜（認清有證書的產品才有用，某些內地出品質素和炮製方法令人置疑，且服吃不宜過多、過頻，每日一至兩小瓣便足夠）、野生黑杞子（必須是青藏高原

出的黑枸杞效果才好），要找到好的保健產品並不容易哩！

中醫治療鉛毒效果不俗，內地早有論文及臨床實證救治鉛毒的方案，必須分清十一種證型，把五臟六腑的毒素排出，達到調和為止。必須找對醫師，知道甚麼是中鉛毒才好啊！

慎選食油

食油已成為動搖人心的必要食物。繼棉籽油染色冒充橄欖油、餿水油即地溝油回收重製豬油、劣質牛油染指食品等，烏煙瘴氣的「臭油」撼動市民用油的信心，到底這些廉價造假油怎麼辨識呢？

殘酷可怕的事實是：你家裡的大豆油是基因改造的黃豆榨出來的！所謂「百份百橄欖油」營養成份少得可憐！沙律油是民用較多的一種食物油，但最大的問題是其原料幾乎都是用進口基因改造黃豆；「橄欖油是比較健康」，但又知否它的營養成份按生產過程不同，差異性極高！

第一道初榨橄欖油可以榨取出來的量非常少，殘存的橄欖渣再

進行第二榨，營養價值差了一大截，部份生產商會再加入百份之一的初榨橄欖油來調色調味，剩下的殘渣再煉製，這第三次的壓榨程序已大大縮減營養成份，稱為「普通初榨橄欖油」，通常加入百份之五的「真正初榨橄欖油」調味。由於這第二和第三道榨取過程均在一百二十度的冷壓範圍內，故稱為「冷壓橄欖油」，好似好勁！但實際已經失真！一般來說，最直接是用價格高低來分別優劣最為可靠。

「回鍋油」即一炸再炸，亦即地溝油，含砷量極高，麴毒素、游離脂肪酸都不少，對身體造成的傷害可想而知。芝麻油，市面上販售的麻油為了讓品質更穩定，會將芝麻過度炒焙，雖然香味濃郁，但營養價值便降低了。

亞麻籽油不適合加熱烹調，開瓶後容易腐壞發臭，記緊冷藏保

存。葡萄籽油未經精製加工的是理想的食用油，中高溫烹調，炒、煎、炸均可。粟米油相對含較高維他命E，會將好的、壞的膽固醇一起降低，小董建議膽固醇無超標的人慎用。

花生油經炒焙、壓榨後，氣味香濃，但花生容易產生致癌的黃麴毒素，提高罹患肝癌的風險，故在開封後必須冷藏，這是許多人不知道的知識！選優質食油，遠離致癌物質！

帶着中醫去旅行」

出外旅遊，很多人習慣會準備一些「平安藥」，包括：止痛片、消炎藥、止瀉、止嘔、安眠、感冒藥等一大堆，但小董發現，在沒有西醫處方的情況下，從市面藥房購買的消炎或感冒藥必須十分小心，由於沒有醫生紙，正常它們不能販賣某些成份的消炎丸，更別說抗生素了。

有藥劑師駐店的小藥店配出來五顏六色的「糖果」，小董真的不敢吃，產地不知、藥名只有他知，甚至連配藥給你的那一個他到底是否藥劑師也無從知曉！若然閣下有藥物敏感又忘了告訴他或告訴了卻又不明白，出了事卻身在異鄉，實在得不償失呢！故此，別小看「平安藥」，建議到你的家庭醫生處購買為上策。近年，許多人喜歡配備中藥作旅遊伴侶，取其無副作用、不昏睡，藥性溫和卻又見效，不影響行程！小董給你們成人量的中藥平安藥旁身，好好記下：

一、風熱感冒：銀翹散

適用：夏季多見，可治咽痛、上火、炎症等初起

二、風燥咳嗽：桑菊飲

適用：咳嗽痰少，可治咽癢、乾咳、咽乾口乾等

三、腸胃不適：保和丸

適用：水土不服，飲食不潔致屙嘔肚痛、消化不良等

四、高原反應：紅景天丸

適用：高海拔之地引起頭痛、呼吸不暢宜提早七天服用

五、頭痛頭暈：天麻鈎藤飲

適用：暈船、暈車或因行程緊湊致精神緊張

六、胃痛胃脹：香砂六君子湯

適用：胃酸分泌過多、噯氣、屁多等

七、便秘：麻子仁丸

適用：出遊時見最多的問題，大便不通

八、失眠：酸棗仁湯

適用：因時差、情緒亢奮的睡眠欠佳

（*注意如有蠶豆症（G6DP）不要服銀翹散，其他的都很溫和並具良好功效，下趟外遊時不妨也帶備上述中成藥，在中藥房都有出售，緊記查閱盒上是否有「香港中成藥註冊商標及編號」才可購買！也可直接找你們的家庭中醫師配製簡單方便的濃縮中藥粉！輕巧且根據你的體質、體重配發，更有顯效！）

腳底「五色辨病」

「腳底按摩」已經潮興多時，小董遇過不少充當「醫師」的「技師」，甚麼頸椎歪了、腸胃不好、左邊身血液循環不佳。基本上都市人應該有的問題都扯上，便當正是專業！其實穴位按摩有疏通經絡之效，但按一下便知道全身狀況？我倒不相信，也太看小中醫學的奧妙了吧！

然而，腳底的「氣色」則有根據，也不難學！今晚便試試看自己的足底顏色，利用「五色辨病」來查看體質：

一、足心粉紅

正常體質，狀態健康。

二、足心蒼白

心臟無力，循環不佳，有貧血傾向亦即中醫的氣血不足、可能是少肉多菜致營養不良，腸胃吸收也欠佳。

三、足心深紅

體內臟器有機會發炎，如尿道炎、胃炎、膽囊炎等。

四、足底發紫

體內血液循環遲緩或有阻礙，使足底缺氧缺血，也有機會是膽固醇過高，三酸甘油過多而致血流受阻。此外，天氣冷凍也會令腳色發紫，需分辨。

五、足心蒼白帶青筋

年紀大或體質屬於容易出現敏感症狀者，如氣管敏感、皮膚過敏等。

六、足心萎黃蠟黃

肝臟機能欠佳之象，極大原因是疲勞過度、睡眠不足、煙酒太多等引致。

另外，若然你的足底出現橙黃色，看看是否吃了很多木瓜、紅蘿蔔等含胡蘿蔔素高的食品，必須減少進食，否則有機會損害視力呢！

鹿茸保健作用高

許多讀者問「鹿茸」怎麼吃？甚麼時候吃？份量如何等等，小董今天一一告知：鹿茸由十歲到一百歲都可吃；最好燉湯吃、用「焗燒杯」慢煮湯水吃，秋冬季宜吃，最好每十天燉一次，每人每次份量三至五克，兩人五至七克，四人八至十克便足夠，上述份量是以每人每次燉兩碗為基礎。

為甚麼要吃鹿茸？書本和網絡上説明其功效：補精髓，助腎陽，強筋健骨。主治：腎虛、頭暈、耳聾、目暗、陽痿、遺精症。它具有良好的治療效果，小董二十多年前左膝因運動受傷後，不能行走，幸得少林武僧指點，鹿腳筋煲鹿茸燉湯飲了兩個月，完全好了！自行醫後，常用此湯方加減，助病者祛除筋骨、肌肉的傷患，效果神速！本

品宜從少量開始，緩緩增加，不宜驟用大量，以免陽升風動，或傷陰動血，故跟着小董上述的份量最得宜。

鹿茸的保健作用非常高，且性溫而不會躁熱，對全身虛弱、久病之後患者，有較好的保健作用。由於它能增強副交感神經末梢的緊張性，故能促進恢復神經系統和改善神經、肌肉系統之功能，並具有較強的抗疲勞作用等。

但注意：患有高血壓、腎炎、肝炎之病人，不宜服用。

鹿茸品種多、價錢差異大，一般六百元一両的普通茸片便已足夠，但由於它也屬珍貴藥材，故有許多造假產品充斥市場，各位或可電郵小董，索取正貨購買地點。

給你們一個治療膝關節炎症的湯方：鹿腳筋一支、鹿茸三克、田七六克、瘦肉適量，兩碗水燉兩小時，分兩天，每日飲一碗，每周燉一至兩次皆可。如用作補虛或保健、祛寒，用時則可去掉田七和鹿腳筋，加紅棗十克即可。

「膝關節炎」治療方劑

鹿腳筋一支、鹿茸三克、田七六克、瘦肉適量，兩碗水燉兩小時，分兩天，每日飲一碗，每周燉一至兩次皆可。如用作補虛或保健、祛寒，用時則可去掉田七和鹿腳筋，加紅棗十克即可。

秋冬滋潤湯水

上期介紹鹿茸後，收到太多有關秋冬湯水的電郵查詢，很開心當中有許多年輕一輩開始懂得養生，學習正確藥膳湯水烹調，小董在這裡分享今季滋潤湯水四款，下述湯方供三至四人份量，每人兩碗，可加入烏雞或瘦肉，煲約一個半至兩小時。

一、化痰止咳，滋陰潤肺

潤肺止咳鱷魚湯

適合：咽喉不適、咳嗽有痰；用聲過度、喉嚨乾渴；經常咽乾口乾。

材料：枇杷葉六克、南杏二十克、正鱸魚肉乾二十五克、桔梗六克、新會陳皮八克、北杏十二克、無花果三粒、麥冬九克、原色無礦川貝九克、雪梨乾二十五克、無礦百合九克。

二、滋陰潤肺，益氣生津

金蟲草補肺湯

適合：有氣管、鼻敏感、花粉病、慢性咳嗽及感冒後咳嗽未清之肺虛。常飲能提高肺功能及提升免疫能力，乾咳人士效果更佳。

材料：金蟲草十五克、北杏十二克、黃芪十二克、麥冬九克、桔

梗六克、無花果三粒、無磺百合九克、南杏三十克、雪梨乾二十五克、沙參十二克、玉竹十二克、新會陳皮十二克、無磺雪耳十克、原色象牙椰片十五克。

三、益精補腎，壯骨通絡

健骨通絡養筋湯

適合：關節屈伸不靈活；筋骨手術後復原中；關節舊傷患處經常反覆發作；運動量過多或過少。秋冬風濕痺痛人士尤其適合。

材料：田七六克、桑寄生二十克、杜仲十克、正宗鹿腳筋二十克、生曬淮山二十五克、乾木瓜九克、炒扁豆九克、牛大

力六克、杞子十五克、鯊魚脊骨二十克、生薏米二十克、川芎六克、蜜棗二至三粒。（鹿腳筋及鯊魚脊骨先用薑蔥適量汆水後才加入同煲）

四、冬季補氣養陰

紅參胡椒花膠湯

適合：補氣祛寒；潤膚滋陰；尤對冬季皮膚乾燥者更佳；畏寒、四肢不溫；偶發性頭暈，血壓偏低；氣虛、面色蒼白。

材料：紅參五克、螺頭肉二十五克、杞子二十克、白胡椒粒八克、陳皮十克、花膠二十克、淮山三十克、龍眼肉十二克、黃芪十克、生薑三片。

腎虛

讀者來信問「腎虛」的定義是甚麼？跟西醫的「腎衰竭」是否相同；「腎虧」又作何解等。曾幾何時，當小董還是黃毛丫頭，外婆帶去看一位很巴閉的老中醫，他「望聞問切」後只丟下一句「腎虛」，外婆追問究竟之際，老中醫答：「很麻煩，兩邊的腎都出大問題，要好好照顧，免致生命受威脅。」那一夜，家中愁雲慘霧，好不容易捱到第二天，一大清早爸媽連班也不上，帶着我去看西醫，卻被醫生罵得狗血淋頭，小董的腎臟何止無病，近乎完美呢！

現代人去看中醫，往往不易明白箇中用詞，中醫指的「腎虛」跟西醫說的「腎病」完全扯不上關係，要是西醫告訴你的腎病了，可是乖乖不得了的大件事，小則腎炎吃藥能癒，大則腎衰竭，洗腎換命！

中醫很多時告訴病人腎虛，是關乎人體生長、生殖、修補能力衰退的病徵，包括：脫髮、腰膝痠軟，尿頻、肢寒畏冷，性慾下降，更年期綜合症等問題衍生變化，簡單一點來說便是「衰老」，調養不當。讀者們，假如你的中醫解釋腎虛一詞如當年小董遇上的壞鬼老頭，別再相信！那是因為他連書也沒翻過半本，書包亂拋一通！

在我們日常生活中，由於生活緊張，長期受壓的影響下，再加上體力勞動，腦筋不停轉用，所消耗身體的一點一滴，都會引起一連串的腰酸背痛，膝軟，白髮脫髮，皮膚粗糙，免疫力下調，性慾減退，甚至不育等現象，都可稱之為腎虛，亦可用「衰老」來理解。

在中藥滋補肝腎類的都有治療及預防作用，多飲用不單能抗衰

老，且有預防疾病及延年益壽的高效。以下介紹幾款藥膳湯水供保健之用，如症狀明顯或較重，則需找中醫診治為佳。

一、巴戟天二十克、何首烏二十克、山萸肉二十克，煲豬骨。

二、花旗參十克、杜仲二十克、杞子二十克、淮山四十克，煲烏雞。

三、黃精十五克、熟地十五克、當歸十二克、紅棗，煲番茄牛肉。

四、女貞子十二克、淮山四十克、杞子二十克、黃酒三十克，煲水魚。

「滋補肝腎」保健湯水

（一）巴戟天二十克、何首烏二十克、山萸肉二十克，煲豬骨。

（二）花旗參十克、杜仲二十克、杞子二十克、淮山四十克，煲烏雞。

（三）黃精十五克、熟地十五克、當歸十二克、紅棗，煲番茄牛肉。

（四）女貞子十二克、淮山四十克、杞子二十克、黃酒三十克，煲水魚。

益氣養血之方

好

朋友到小董家一聚，愁眉深鎖，試探下發現她在加拿大留學的二十四歲女兒出了問題，細問得知：月經極不尋常，偶爾兩至三個月才來一趟，近幾個月卻一個月頭來上兩次，且不似經血，色深啡如朱古力奶，量極少，卻可拖延十天八天以上，女兒自己也擔心，憂慮得三個多月沒好好的睡覺，自覺心跳加速及加重，到了筋疲力盡，甚至連上學也感乏力，方和盤托出。

小董聽畢後立即致電海外的世侄女，第一句問：「是否在節食或減肥？三餐變成一餐？又去掉了澱粉質？」小妮子直認不諱，還說這是女士畢生的職業……「節食減磅」，胖了又會被人恥笑云云。

缺乏澱粉質等於少了攝取「單糖」，肝臟喜甜，缺甜使之造血功能失職，血虛使月經量不足，故行經量少色啡；減餐令氣亦虧損，故血攝不固，常見一個月來經兩次或延長，這不單只發生在世侄女身上，相信這個冬天，「妳」也開始策劃如何瘦身、修身和秀身吧！必須依循註冊醫師或營養師度身訂下的適當方案，別擾亂體內平衡使荷爾蒙失調呢！

小董用益氣養血及調整陰陽之法治理，方劑如下：

黨參十五克、北芪十五克、炒白朮十五克、當歸十二克、白芍十二克、熟地十二克、何首烏十二克、旱蓮草十五克、升麻九克、炙甘草八克、山萸肉十克、女貞子十二克、桑寄生二十五克，五碗水煲五十分鐘剩一碗，翻渣，一日兩次，十天為一療程，痊癒了！

「益氣養血」治療方劑

黨參十五克、北芪十五克、炒白朮十五克、當歸十二克、白芍十二克、熟地十二克、何首烏十二克、旱蓮草十五克、升麻九克、炙甘草八克、山萸肉十克、女貞子十二克、桑寄生二十五克，五碗水煲五十分鐘剩一碗，翻渣，一日兩次，十天為一療程。

蟹季

秋天是吃「大閘蟹」的高峰時期，今年蟹量不足，香味稍遜，但絕不影響喜歡牠們的你！有朋友能一口氣消滅六隻巨蟹，一邊吃一邊說：「今晚半夜又睡不好了！瀉到天光！」是因為螃蟹住在湖底或海底，吸入過寒「地氣」且沒有「蓋上被子」，人類吃了牠便被「染寒涼了」！故此，購買大閘蟹附送紫蘇葉一小包。一小包那幾片只有三、四克，夠用來中和蟹的寒氣嗎？當然不夠，只是「意思意思」、「整色整水」、「人有我有」罷了！

紫蘇葉不貴，但若每日送出數公斤，算起來一個月的成本倒不可小覷，下次吃蟹，乾脆到藥材店買一両紫蘇葉，供四至六隻之用！可以用葉墊鍋底來祛牠的寒氣，更妙的方法是煲薑茶時，把紫蘇葉也一

併加入煲，約二十分鐘便可，這方法才能袪走你的寒氣，效果極佳！

至於吃蟹不能吃柿子是眾所周知，然而並不會「毒發身亡」！別誤解！只是會引起腹瀉！但是，除了柿子外，必須留意吃螃蟹還有以下的同吃禁忌：番薯，會形成體內結石的可能；蜂蜜、南瓜、茄子、花生、奇異果，有損傷腸胃，引起腹瀉的可能；橙，會容易引致氣滯腹脹；石榴，易致肚痛、嘔吐、反胃；紅棗，致腸胃不適；雞蛋，很容易引起便秘。

雖然上述都不是甚麼大問題或嚴重影響健康，但吃要吃得精明啊！順帶一提，過敏體質（氣管、鼻、皮膚或腸胃敏感者）不能多吃螃蟹，牠對月經過多的女士是「大敵」，心血管患者也應不吃為妙，如患上風寒感冒，即鼻水、咳嗽、白痰等病徵的人，也該斷然拒絕螃蟹的誘惑！

紅棗—補養佳品

紅棗果實含蛋白質、脂肪及多種礦物質元素，如鈣、磷、鐵等，這些都是人體不可缺少的營養物質。接近成熟的鮮棗維生素C含量極為豐富，相當於蘋果的一百倍，善用之可達養生保健的功效。紅棗亦含大量醣類物質，主要為葡萄糖，也含果糖、蔗糖，以及由葡萄糖組成的低聚醣等，具強大補養作用，提高人體免疫功能，增強抗病能力。紅棗經證實可保護肝臟、鎮靜安神、抗過敏等功效。

紅棗味甘性溫、歸脾胃經，有補中益氣、養血安神、緩和藥性的功能。所以中醫多用於治療過敏性紫癜、貧血、高血壓、急慢性肝炎和肝硬化。紅棗有抑癌、抗過敏作用；棗中含抗疲勞作用的物質，能增強人的耐力；棗還具減輕毒性物質對肝臟損害的功效；棗中的黃酮

類化合物，有鎮靜降血壓作用。它會令面色紅潤，因具有養顏補血的作用，其含有的維生素C能夠促進肌膚細胞代謝，防止黑色素沉着，達到美白肌膚、祛斑的美容護膚功效。

紅棗亦能養血安神、滋補脾胃，若年老體弱的人群經常食用，能增強體質、延緩衰老；若是上班族食用，能增強食慾、緩解緊張情緒；如果晚上泡一杯紅棗茶，可有效治療失眠。紅棗為補養佳品，食療藥膳常加入紅棗補養身體、滋潤氣血，提升身體元氣，增強免疫力。女性躁鬱症、哭泣不安、心神不寧等，用紅棗和甘草、小麥同用甘麥大棗湯，可起養血安神、舒肝解鬱的功效。

小董在此給讀者一個食療：

紅棗粥

材料：紅棗五十克，米一百克

做法：所有材料加水同煮成粥，早晚溫熱食服。

療效：紅棗中大量的維生素B可促進皮下血液循環，使皮膚和毛髮光潤，面部皺紋平整，皮膚更加健美。

紅棗食療

紅棗粥

材料：紅棗五十克，米一百克，

做法：所有材料加水同煮成粥，早晚溫熱食服。

子午流注養生法

一天二十四小時，你用得對嗎？安排的起居飲食作息時間適當嗎？

香港人生活忙碌、玩樂時的盡興，還有運動量的比例，跟健康和養生背道而馳，明知即食麵、香腸火腿、鹹鴨蛋、煎炸品不應吃，卻給自己十萬個理由，或逃避而不自覺地吞進肚子，滿足食慾便紓緩壓力，可你們並不知道，若長時間違反自然界生命常規，對身體將會造成衝擊和損害，小董現分享一個貼近你的生活例子：

言哥，五十八歲，家境困難，吃的都是快餐速食，每天返兩份工，早上七時開始到凌晨兩點也沒休息（跟現代年輕人一樣，不論

返工返學，加上打機、煲劇、食宵夜時間剛好）。吃得不好、睡眠不足、壓力很大、沒運動，亂吃保健品，以為這樣做便能保住健康。

他多年前出現胃痛、胃酸倒流（飲食不定）、長期慢性咽炎及咳嗽、（吸煙及嗜煎炸辛辣）、右上腹不定時隱痛（嗜肥膩及虛勞過度）、心胸位痞滿不適並偶有絞痛（壓力情緒及飲食傷心血管）……反正心、肝、脾、肺、腎都摧殘得體無完膚，然後三個月前確診大腸癌。

言哥一生對自己盡責，吃得不好但飽肚，其他都以為靠維他命丸能彌補，結果因為違背「子午流注養生法」，把體內陰陽平衡弄翻了而得出惡病。子時（晚上十一時至凌晨一時）陰氣最重，「睡眠」成

了養護陽氣的最好時間，在這時入睡最能延年益壽。

「子午流注養生法」早已被認定是生命的規律，甚麼時候咳嗽，代表哪個器官內臟不佳、早上也有特定時間進食、排便。一天八杯水的理念，在這古代法則早已提到，但甚麼時間飲才是精髓，你懂嗎？不懂？

菊花療效

春天到、雨粉降。這種天氣最容易出現疼痛症狀，包括頭痛、關節痛等，是風、寒、濕幹的壞事！一般市面上的祛濕茶有清熱作用，但可能太盛，不適合這個「寒冷的春天」，「菊花」才是這時候的瑰寶，只要用得恰到好處，就能發揮最佳效用，利濕、清熱、明目。

一、菊花喬麥枕

將乾的白菊花三十克、喬麥六十克，收入枕中，可輔助治療高血壓、頭暈、失眠、眼睛起紅筋。

二、菊花雪耳蓮子羹

將菊花十二克、雪耳十二克、白蓮子二十克，加水煮熟，加入冰糖，可去煩熱、利五臟、治頭暈目眩等症。

三、**菊花酒**

也叫「長壽酒」，菊花十五克加糯米六十克、酒麴製而成，味道清涼甜美，有養肝、明目、健腦和延緩衰老等功效。

四、**菊花糕**

把菊花十二克搗碎拌入米漿裡，蒸製成糕，有清涼祛火的效果。

五、**菊花粥**

將菊花十克入米同煮製粥，能清心、除煩、悅目、祛燥。

六、**菊花膏**

以鮮菊花加水煎熬，過濾後取藥汁拌入蜂蜜，製成膏劑，具疏風、清熱、明目作用。

七、菊花護膝

將菊花十五克、艾葉磨成粗碎末，裝入紗布袋中，做成護膝，放入蒸鍋中蒸十五分鐘，外敷可祛風除濕、消腫止痛，紓緩各種關節疼痛。

八、菊花食療

用菊花十二克和豬肉、牛肉合炒，或魚肉、雞肉合煮而成的「菊花肉片」，補而不膩，清心爽口，可治頭暈目眩、眼矇腦脹等病症。

最好選用杭州的小雛菊，功效更佳！

菊花保健

（一）菊花喬麥枕：將乾的白菊花三十克、喬麥六十克，收入枕中，可輔助治療高血壓、頭暈、失眠、眼睛起紅筋。

（二）菊花雪耳蓮子羹：將菊花十二克、雪耳十二克、白蓮子二十克，加水煮熟，加入冰糖，可去煩熱、利五臟、治頭暈目眩等症。

（三）菊花酒：也叫「長壽酒」，菊花十五克加糯米六十克、酒麴製而成，味道清涼甜美，有養肝、明目、健腦和延緩衰老等功效。

（四）菊花糕：把菊花十二克搗碎拌在米漿裡，蒸製成糕，有清涼祛火的效果。

（五）菊花粥：將菊花十克入米同煮製粥，能清心、除煩、悅目、祛燥。

（六）菊花膏：以鮮菊花加水煎熬，過濾後取藥汁拌入蜂蜜，製成膏劑，具疏風、清熱、明目作用。

（七）菊花護膝：將菊花十五克、艾葉磨成粗碎末，裝入紗布袋中，做成護膝，放入蒸鍋中蒸十五分鐘，外敷可祛風除濕、消腫止痛，紓緩各種關節疼痛。

（八）菊花食療：用菊花十二克和豬肉、牛肉合炒，或魚肉、雞肉合煮而成的「菊花肉片」，補而不膩，清心爽口，可治頭暈目眩、眼矇腦脹等病症。

最好選用杭州的小雛菊，功效更佳！

陋習。

約十年前在新會市中醫院當實習醫師期間，小董學會不少知識及見過不同階層的民生百態，回想起來也覺有趣，願與你們分享一下。

由於醫院有太多老人家長期躺臥致肌肉萎縮、潰爛，「洗傷口」是實習醫生的指定工作，小護士看見束手無策的小董，便提點說：「拿噴壺來，把消毒藥水放進去，隔着衣服噴上去，衣服沾上消毒液便自動黐貼在患處，有保護作用……」孰真孰假？小董沒仿效。

「人造黨參」便是在那時候學懂的，沾米粉、麵粉及小麥粉烘乾做外層，糯米粉加麵粉做內芯，捲起來噴上化學劑（忘記了名字），

放到已造好的鐵絲網上一滾，便是黨參外面的紋路，相似度十分，再噴上一層薄薄的糖膠，風乾便完成。放入水中煲，只是比真正的黨參偏軟，顏色偏淺，味道沒分別，因為用了香味精。小董學懂了「利慾薰心」的卑鄙可惡！

寫到這裡，想起是時候到農地買正宗黨參（紋黨），它一年四季均好用，如你有興趣購買正宗靚紋黨作藥膳湯水調理，補中益氣，可電郵小董查詢。

先給你們湯方，老少咸宜：黨參三十克、紅棗六粒、淮山四十克、杞子二十五克、田雞三隻、烏雞半隻，滋陰補氣益腎！

黨參湯方

黨參三十克、紅棗六粒、淮山四十克、杞子二十五克、田雞三隻、烏雞半隻，滋陰補氣益腎。

藥膳大全

「藥膳」這兩字在小董的電郵中出現最多，亦即是說人們都希望在生活上有保健，但不喜歡「藥物」，卻不介意利用食物加少許中藥保健品來處理身體上的不協調，「唧唧油」令機能保持正常運作是藥膳調理的宗旨。

可是，不同年紀、體質，選用的食材也有分別呢！小董動了不少腦筋，花了不少時間，編寫了以下藥膳保健品，適合男女老少，好好剪下收藏啊！

夏季中暑不適：西瓜番茄榨汁

夏季肺熱咳嗽：川貝百合雪梨湯

消化不良：山楂麥芽茶、蘿白絲餅、陳皮淮山糖水
胃脹痛：高梁薑陳皮燉烏雞
便秘：蜂蜜決明子茶
風濕關節痛：生薏米煲粥、五加皮酒
小便赤熱短少：綠豆芽炒馬蹄、冬瓜皮煲粟米水
水腫：赤小豆土茯苓煲鯪魚、北芪薏米蜜糖水

以上食材隨量，藥材則以一人份量計用十二克，二人用十八克。

保健藥膳

夏季中暑不適：西瓜番茄榨汁

夏季肺熱咳嗽：川貝百合雪梨湯

消化不良：山楂麥芽茶、蘿白絲餅、陳皮淮山糖水

胃脹痛：高粱薑陳皮燉烏雞

便秘：蜂蜜決明子茶

風濕關節痛：生薏米煲粥、五加皮酒

小便赤熱短少：綠豆芽炒馬蹄、冬瓜皮煲粟米水

水腫：赤小豆土茯苓煲鯪魚、北芪薏米蜜糖水

以上食材隨量，藥材則以一人份量計用十二克，二人用十八克。

如何正確處理藥膳

早陣子舉辦了一個「如何挑選及處理參茸海味及貴重藥材」的講座，加開兩班仍有讀者未能參加，小董深表歉意。從沒想到原來你們日常煲湯放的藥材簡單如淮山、杞子的份量也不對，不是隨便抓一把便算數，這樣只滿足心理上健康了的需要，實際上沒真正達到養生保健的目的，這不是浪費嗎？

淮山選生曬象牙色的，不挑白色滿佈粉狀、有酸氣味的，你們似乎都懂！可惜許多人懂的就這麼有限！冬菇不挑超級大，也不要「超白」花菇，那是漂染的！最佳產品是「原木原色冬菇」，花白的是上碟時顏色多元化、漂亮些，香味和口感只是取決於其栽種方法，不添加才是真正上品。

至於花膠，小董幽現場讀者一默：「處理需時一天，放進口咬一分鐘，便消滅得乾乾淨淨，不合乎經濟原則！」挑花膠選顏色金黃的「舊魚」，貪其礦物元素豐富，才能有效滋陰養顏，煲湯和炆煮用的品種各有不同，不同年紀也應選合適自己體質的花膠，脾胃不好的必須選容易消化的，別弄巧反拙……

如何煎中藥

相信大部份香港人都曾飲過中藥，但如何正確煎藥，令藥材發揮到最好功效，便令很多病者感頭痛，甚至坊間流傳着幾十個不同方法，令人混淆。中藥以湯劑應用最為廣泛，煎藥所選用的器皿以及方法，是會對藥效有直接的影響，因此煲中藥的每一個環節都不可忽視。

當我每次為病者把脈後，寫好藥方，最常聽到病者問：如何「煲中藥」？今天小董就教你「如何煎中藥」。

一、選用正確器皿

煎藥用的器皿，宜選用砂鍋、搪瓷鍋及不鏽鋼器皿。忌用

鋁、鐵鍋等作煎藥器皿。一般家庭用品店有售，所需大少視乎用水量。

二、煎煮方法

（一）先將大件的藥材用筲箕承載，在流動水中沖洗約一分鐘，放於大碗中以飲用水浸約三十分鐘，使藥材充份浸潤，有利將有效成份煎出。頭煎加水以浸泡後高出藥面一吋（兩至三厘米）為宜，二煎（即翻煎），藥材不需再浸泡，加水量至藥面即可。

（二）將所有藥材（除後下外），選用武火（大火）煎沸後，改用文火（中火）煎煮，保持微沸狀態並適當攪拌。每劑藥需煎煮兩次。

感冒藥物：頭煎沸後文火煎煮約三十分鐘，重點是：不需翻煎。

補益藥物：頭煎沸後文火煎煮六十分鐘，二煎沸後文火煎約四十五分鐘。

其他藥物：頭煎沸文火煎煮約四十分鐘，二煎沸後文火煎約三十分鐘。

湯劑煎好後，隔藥渣，將藥液濾出，合併兩次煎液，混勻後分兩次服。

成人藥量約為二百五十毫升（約普通飯碗八成滿），兒童藥量約為一百五十毫升（約半碗普通飯碗）。

即可。

（三）後下藥材，可在頭煎煮好前約五分鐘放入並適當攪拌

三、**服藥時間**

補益藥一般宜空腹服用或遵醫囑。其他則建議餐後服用。

正確煎好中藥，才能使其功效發揮到最好，藥到才病除！記住不要小看每一步驟，否則浪費了農夫艱辛種出來的每株植物啊！

危險「小玩意」

「肉瘤」是皮下脂肪組織過度增生而形成的良性腫瘤，許多人都有這「小玩意」，並且出現在身體不同部位上，形態圓圓隆起，按下去感覺軟綿綿的，像一顆小饅頭，皮膚顏色不變，西醫稱之為「脂肪瘤」，是最常見的良性腫瘤。大多發生在成年人身上，並於頸、肩、背、大腿、手前臂及臀部居多，大小不一，最重要是這腫塊與表面皮膚無黏連，推之可以動，且瘤體長大到一定程度後會自動停止生長擴大。中醫角度則是脾失運化，痰濕內生；思慮過度，脾氣不行或鬱怒傷肝，肝失疏洩，氣鬱化痰，痰結成為肉瘤。

較多人認為這種礙眼的腫塊該一刀切，但因為它擁有無比的「翻發」能力，縱然一次立下決心把它幹掉，不久的將來，便又在身體的另一地方再度隆起，甚至出現多發性囊腫，以數個或數十個的出現，

令患者憂心及煩厭。

小董對腫瘤有豐富的經驗，良性的更沒太大難度，但必須有心機、耐性，「外敷內服」最少四十五天，不少良性腫塊也被征服在以下這方劑，願分享：

內服：正宗陳皮十五克、茯苓十二克、半夏十二克、甘草五克、炒白朮二十克、當歸六克、木香（後下）十二克、生曬參十二克，六碗水煲一小時，翻煎，每日兩碗分早晚飲。

外敷：田七六十克、浙貝六十克、半夏五十克、昆布八十克、川芎六十克、當歸六十克、陳皮六十克、五靈脂六十克、地龍三十克、牛蒡子六十克，全部打粉後混入菜籽油拌勻至糊狀，每天取適量敷在瘤體處，時間愈長，效果愈好。

知道讀者們遇到困難，藥房不肯打粉或只打成碎粒不能用，可電郵小董查詢購買地點。

「良性腫瘤」治療方劑

內服：正宗陳皮十五克、茯苓十二克、半夏十二克、甘草五克、炒白朮二十克、當歸六克、木香（後下）十二克、生曬參十二克，六碗水煲一小時，翻煎，每日兩碗分早晚飲。